The Manual
for Participatory Teaching and Learning

参与式教学
指导手册

黄忠敬　方小娟　主编

编委会成员（以姓氏拼音为序）

陈新煌（上海戏剧学院）
程　亮（华东师范大学）
方小娟（东华大学附属实验学校）
冯靓琰（苏州星海小学）
黄向阳（华东师范大学）
黄忠敬（华东师范大学）
李婴宁（上海戏剧学院）
刘世清（华东师范大学）
吕晓蕊（华东师范大学）
秦　艳（Save the Children）
王昆杞（上海戏剧学院）
杨小微（华东师范大学）

北京大学出版社
PEKING UNIVERSITY PRESS

图书在版编目(CIP)数据

参与式教学指导手册/黄忠敬,方小娟主编. —北京：北京大学出版社,2016.1
ISBN 978-7-301-26774-5

Ⅰ. ①参… Ⅱ. ①黄… ②方… Ⅲ. ①课堂教学—教学研究—中小学 Ⅳ. ①G632.421

中国版本图书馆 CIP 数据核字(2016)第 009731 号

书　　　名	参与式教学指导手册 Canyushi Jiaoxue Zhidao Shouce
著作责任者	黄忠敬　方小娟　主编
责 任 编 辑	杨丽明　姚文海
标 准 书 号	ISBN 978-7-301-26774-5
出 版 发 行	北京大学出版社
地　　　址	北京市海淀区成府路 205 号　100871
网　　　址	http://www.pup.cn
电 子 信 箱	sdyy_2005@126.com
新 浪 微 博	@北京大学出版社
电　　　话	邮购部 62752015　发行部 62750672　编辑部 021-62071998
印 　刷　 者	北京大学印刷厂
经 销 者	新华书店
	787 毫米×1092 毫米　16 开本　15.5 印张　252 千字 2016 年 1 月第 1 版　2016 年 1 月第 1 次印刷
定　　　价	49.00 元

未经许可,不得以任何方式复制或抄袭本书之部分或全部内容。
版权所有,侵权必究

举报电话: 010-62752024　电子信箱: fd@pup.pku.edu.cn
图书如有印装质量问题,请与出版部联系,电话: 010-62756370

前言

1989年,由联合国通过的《儿童权利公约》(英文名为 Convention on the Rights of the Child,以下简称《公约》),是有史以来最为广泛认可的国际公约,其中把教育视为儿童的权利。教育也被定为千年发展目标。因为教育能够使人的潜能得到充分的发展,也有助于其他重要权利的实现。本书主要是在联合国《儿童权利公约》和儿童友好学校理论的基础上,设计参与式教学的工作方案和工作方式。

一、理论基础

(一)儿童权利公约

1. 儿童权利保护的四大原则

(1)儿童最大利益原则

《公约》确认儿童最大利益原则的意义可以从两个方面来理解。一方面,在于《公约》中的最大利益原则被赋予条约法的效力,可以对儿童权利的保护发挥更大的作用,并为解决儿童保护问题和与之相关的紧张与冲突提供一个合理的解说;另一方面,它确立了一个重要理念,即涉及儿童的所有行为均应以"儿童的最大利益"为首要考虑,而且把这种考虑作为儿童的一项权利。简言之,《公约》特别强调的是把儿童作为个体权利主体而不是作为一个家庭或群体的成员加以保护,涉及儿童的一切行为,必须首先考虑儿童的最大利益。

(2)尊重儿童权利的原则

《公约》在关于儿童权利的各项条款中,无论是生存权、保护权、发展权,还是参与权,所有的权利都体现着对儿童的尊重,包括对儿童独立人格的尊重,对儿童权利的尊重,对儿童主体性的尊重以及对儿童参与的尊重等。

（3）无歧视原则

每一个儿童都平等地享有《公约》所规定的全部权利，儿童不因本人及其父母的种族、肤色、性别、语言、宗教、政治观点、民族、财产状况和身体状况等受到任何歧视。

（4）尊重儿童观点的原则

涉及儿童的任何事情，均应听取儿童的意见。

2．儿童的基本权利

《公约》包含了一整套普遍商定的准则和义务，在追求一个公正、彼此尊重以及和平社会的过程中，将儿童放在中心位置。《公约》确立了世界各地所有儿童时时刻刻应享有的基本人权：生存权；全面发展的权利；免遭有害影响、虐待和剥削的受保护权；全面参与家庭生活、文化生活和社会生活的权利。《公约》通过确立保健、教育以及法律、公民和社会等方面的服务标准来保护儿童的上述权利。这些标准是评价进步情况的尺度。

儿童享有生存权、保护权、发展权和参与权。

（1）生存权：包括儿童的生命安全权和生活保障权。

（2）发展权：包括儿童接受一切形式的教育（正规教育和非正规教育）的权利。

（3）保护权：包括儿童免受歧视、剥削、酷刑、虐待或疏忽照料，以及对失去家庭的儿童和难民儿童的基本保证。

（4）参与权：是指儿童获得参与社会生活的权利。

(二) 儿童友好学校

儿童友好学校(child friendly school)是一种独特的学校，具有多样性，教育者应该学会理解、接纳、珍惜学生和教师文化背景带来的多样性，反思教育中存在的歧视和偏见，增强教育公平的意识，懂得如何在日常教育教学中体现教育的公平原则，消除偏见与歧视；提供更具包容性和平等、友好的环境，促进教育公平，为每个学生平等地享受成功的教育消除障碍。

(三) 儿童教育权利

建立以学生为中心的学校，我们首先应该思考儿童的教育权利，尤其处境不利的儿童更应该享受这种平等的教育权利。

(四) 全纳教育

全纳教育(inclusive education)是儿童友好学校的重要概念，"孩子们是不同的",教育者应该重视这种教育资源的多样性。全纳教育主张普通学校要接纳所有的学生,无论他们的背景和能力如何,所有人都享有平等的教育权利。特别是有特殊教育需求的学生。每一个人都应该被看成是独特的,所有的人都能在就近的学校里接受他们所需要的教育,反对排斥和歧视(显性如罚学生立壁角;隐性如对学生冷嘲热讽等)。全纳教育是充分肯定人的差异性,每一个人都有其不同的兴趣、特点和需求。教育就是要以平等的方式满足人们的不同需求。例如,开展多样化的课程、教学、评价等以满足学生的各种不同的需求。

全纳教育倡导集体和睦共处,每一个人都是集体的一员,人人都受欢迎;人人都有权参与,每一个人都是学习的主人,人人都应该参与;共同互助合作,个人的问题也是大家的问题,只有相互帮助,共同合作,才能解决问题;满足不同需求,教育不是筛选人,而是要培养人,尽一切可能满足学生的不同教育需求(参见黄志成:《全纳教育带来三大挑战》,载《上海教育》2003年第2期)。

(五)面向全体儿童的有效学习

探求阻碍儿童进入学校学习的因素以及改变这种现状的方法,找出解决这种问题的思路和方法,使原来被排除在学校之外的学生进入学校,帮助教师识别即将流失的学生以及造成他们离开学校的原因,并且采取行动来挽回他们,使教育资源让更多的学生去享用。

(六)创建全纳性的课堂环境

创建全纳性的、儿童中心的和有性别平等意识的课堂。关注学生的多样性背景和能力,管理多样性的教师,对学生的学习进行有效的评价,这些对创建全纳性的课堂环境具有重要的意义。

(七)营造积极健康的环境

从教师的角度分析,如何去营造健康的、保护性的和性别敏感的学校环境,是非常重要的。一个积极健康的教学环境,能给孩子的身心带来积极的影响。重视终身教育,教师要懂得如何教给孩子们终身学习所需要的技能。

总之,儿童友好学校的主要特点包括:

- 学校教育是全纳性的,无论学生的性别、民族、文化、能力以及家庭、社会经济状况如何。
- 学习是有效的,是培养儿童的各种生活能力的。

- 学校环境是安全、健康和保护学生的,包括学生的身体、情感和心理。
- 学校是社区和学生家长共同参与的。

二、项目介绍

"春雨计划"项目是由教育部人文社会科学重点研究基地华东师范大学基础教育改革与发展研究所、国际救助儿童会(Save the Children)、闵行区教育局以及闵行区16所民办小学进行的四方合作项目。

(一) 项目合作方
- 闵行区教育局
- 华东师范大学基础教育改革与发展研究所
- 救助儿童会

(二) 项目宗旨

提升项目学校教学品质,帮助外来学生融入城市,并探索一个提升民办小学教学品质的可推广模式。

(三) "春雨计划"的理念

"春雨"体现的含义有:

> - 春雨惠泽大地,润泽生命,万物平等。
> - 春雨及时有效。
> - 春雨润物细无声。
>
> 强调以儿童为中心,以学生为本。

(四) 项目目标

- 通过教师教学技能及学校管理人员能力的提升,改善薄弱民办学校基础教育质量。
- 通过建立儿童友好学校,帮助处境不利儿童增强自信、获取生活技能方面的知识。
- 提升家庭、学校、社区、相关管理单位以及广大公众对处境不利儿童获取更高质量教育的关注和支持。

（五）项目三年目标

这一项目旨在帮助教师适应新课程及教学要求,从而使自己的课堂教学合格而有效。具体而言,体现在以下三个方面：

（1）明确自我发展的定位与空间,提升自我学习的意识与能力；

（2）变传统的讲授式教学为体验参与式教学,转变学生被动学习的状况,改变课堂教学的文化生态；

（3）建立教师专业成长的支持体系。

（六）目标人群

- 16所项目学校至少10000名儿童。
- 项目学校校长,中层管理者,以及200名教师和1000名家长。
- 50名项目点所在社区的相关部门领导。

（七）主要活动

前期调研	项目基线调研 儿童主导调研	了解目标人群的生存状态或培训需求
中期培训	学校校长和中层管理人员培训	学校管理变革与文化建设 学校发展计划 课程领导与教学领导力 决策、参与、沟通技能
	教师培训	参与式教学方法 课堂观察与科研方法 教师读本的开发
	学生发展培训	班队活动指导 学生行为习惯及生活技能提升 家长培训及读本开发
后期推广	结题推广	结题评估 经验分享 政策倡导

三、培训实践

（一）培训形式

采取理论与实践相渗透,研究与培训相结合,个体与群体相促进的原则。

（1）集中培训,每月开展1次,共培训4个学期。

（2）校本培训、学科教师沙龙等现场小型研讨。每月1次,分校轮流开展。以春雨学校为基地,向其他学校逐步辐射。

(二) 培训过程

培训内容分为不同的单元模块,每个模块培训一个周期。培训过程如下图所示:

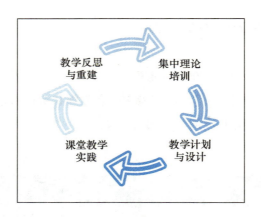

每模块培训过程:集中培训(理念学习,共1次),紧接着是校本研修(教学设计——教学实践——教后反思,即听说评课活动,共3次),最后是集中培训(总结反思,共1次)。

阶段1	通过教师工作坊及专家指导,引入新的模块主题,理解相应参与式教学相关概念及方法。活动形式有理论讲座、专题工作坊、材料学习。
阶段2	学员依据所学主题知识及方法,尝试在教学设计及课堂实践融入理解的参与式理念及方法。
阶段3	进行校本研训,相关教师通过研讨课的形式,进行阶段性展示,专家及其他教师进行干预指导,打磨课堂,提出建议,为进一步实践作铺垫。
阶段4	在每个单元模块的最后,教师总结阶段成果及收获,搜集相关数据反思存在的问题,为下一模块培训提供建议。

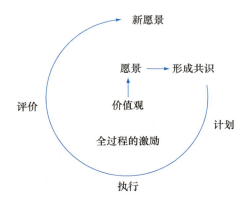

培训具有以下几个特点：

（1）以教育观念的变革为核心，达成共识，共筑愿景。

（2）培训内容是与学习者的需求相联系的。

（3）学习者过去的经验被当作一种资源。

（4）培训具有实践性并以问题为中心。

（5）培养学习者的自我反思意识。

（6）在学习共同体中共同进步。

四、编写说明

（1）共设计五个单元，每一单元的结构包括单元导读、单元时间、培训内容结构、单元活动流程和具体活动过程。单元导读主要介绍本单元的目标与任务、培训内容与形式等。单元时间是这一单元应当需要的培训时间。

（2）每一单元的活动教案内容包括：题目、活动目标、材料准备、建议时间、活动过程、60问等。

（3）手册在适当的地方添加了资料卡、链接、案例、活动实录等，并且根据培训的实际情况添加了照片、图片、表格等，既增加了丰富性，也提高了可读性，具有很强的操作性。

五、使用对象

该手册用于对中小学校教师的培训，包括完全没有接触过相关项目活动的教师,以及正在接受"参与式教学"并逐渐在自己的课堂中使用"参与式教学"方法的教师们。

该手册也可用于对基础教育教师的培训。在手册中,既有培训中小学校教师工作的工具和资源,也有培训师如何组织培训和活动的详细说明。这样,培训师就可以依照手册,自行组织培训,将"参与式教学"的理念和教学方法在平时的课堂教学中传播开来。

该手册也可以用于自学自查。学校的教师、行政人员、即将成为教师的学生或者其他关心"参与式教学"或想变革传统教育思维的人都可以使用本手册自行学习和检查。

六、编写框架

手册包括前言和五大单元。前言部分包括编写的背景、意义、特点、原则、概念框架,春雨项目介绍和实践过程等概述。五大单元分别是儿童权利公约、参与式教学概论、问题式学习、合作式学习、教育戏剧。

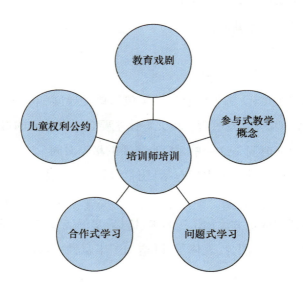

七、使用建议

（1）时间分配：一场培训大约需要3个小时或者半天时间完成。

（2）活动具有可选择性。本培训手册在每个单元中都设计了若干个活动，其中有些活动可视时间长短，由培训者根据实际选择或替换。

（3）为了配合培训教材，本手册还配套开发了《参与式教学300问》，以答疑的形式供学员们参考，共计五个单元，每个单元60问。另外，还附有培训工作纸、课堂观察量表等辅助工具，便于培训者使用。

（4）培训活动设计多以小组工作坊的方式进行，如果活动中没有特别说明分组的要求，一般每组4—6人，培训师可视学员的数量作适当的调整。

上篇　参与式教学设计

第一单元　儿童权利公约／003
第二单元　参与式教学概论／016
第三单元　问题式学习／025
第四单元　合作式学习／045
第五单元　教育戏剧／078

下篇　参与式教学300问

第六单元　《儿童权利公约》60问／103
第七单元　参与式教学概论60问／119
第八单元　合作式学习60问／134
第九单元　问题式学习60问／157
第十单元　教育戏剧60问／170

附录一　培训者培训方案与活动记录／186
附录二　参与式教学课堂观察系列评价表／200
附录三　课堂质量观察报告／210
附录四　上海市教育评估院第三方终期评估报告（摘录）／229

后记／235

上 篇

参与式教学设计

第一单元　儿童权利公约

关于儿童的一切行动,不论是由公私社会福利机构、法院、行政当局或立法机构执行,均应以儿童的最大利益为一种首要考虑。

——《儿童权利公约》

我们更愿意看到学校培养出这样的人:他们能够与别人和平相处;他们善待自然环境;他们待人接物都追求一种理智与和谐。

——诺丁斯:《学会关心》

一、单元导读

本单元主要从联合国《儿童权利公约》基本内容入手,使读者了解儿童的基本需要,认识儿童的基本需求与权利之间的关系。

本单元主要学习内容是了解儿童的需求和权利,熟悉儿童的基本权利。培训的主要形式是讲解、头脑风暴、分享讨论、集中指导。

二、单元时间

3小时。

三、培训的内容结构

本单元的培训内容主要包括《公约》、儿童基本需求、儿童基本需求与权利之间的关系,以及儿童应当享有的四大基本权利。

儿童的四大基本权利即生存权、参与权、保护权和发展权。

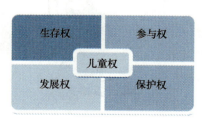

四、单元活动流程

时间	主要流程	讨论主题	活动形式
10 分钟	开场介绍	介绍本次活动主要目标、研究内容及后续安排	讲解
10 分钟	分组热身	热身,参与者分成小组,分组作后续讨论	游戏
60 分钟	学习联合国《儿童权利公约》内容	学习联合国《儿童权利公约》内容,用关键词表示儿童权利,并了解儿童的基本权利。	头脑风暴 讨论分享
20 分钟	休息茶歇		
60 分钟	儿童基本需求与权利讨论	了解儿童的基本需求,探讨儿童的权利与需求之间的关系。	头脑风暴 讨论分享
10 分钟	总结	总结一天成果,确定下一步执行方案	集中指导
10 分钟	后续工作安排 + 培训反馈	给参与培训的教师布置实践任务;参与者作培训反馈	集中指导

五、资源核检表

资源	内容	是否完成
资源 1	联合国《儿童权利公约》资料	☐
资源 2	《参与式教学 300 问》(儿童权利公约)	☐
资源 3	写着不同组名的纸条	☐
资源 4	8 开白纸(每组一张);铅笔每人 1 支	☐
资源 5	反馈卡片(每位学员一页)	☐
资源 6	黑色马克笔或者彩色画笔,每组 2 支	☐
资源 7	胶带或者吸铁石若干,黑板	☐
资源 8	区分需要和需求的卡片	☐
资源 9	电脑、投影仪、PPT 课件	☐
资源 10	音箱或其他扩音设备	☐

六、具体的活动过程

活动一　开场介绍

（一）活动目标

　　介绍项目方案。

（二）材料准备

　　大白纸、马克笔。

（三）建议时间

　　10分钟。

（四）活动过程

　　（1）介绍"春雨计划"项目功能及主要目标。

　　（2）简要总结前期项目调研在教学方面的发现。

　　（3）阐明参与式教学培训的主要目标，介绍培训的主要计划以及对参与学员的要求。

活动二　分组热身

（一）活动目标

　　相互熟悉并交流。

（二）材料准备

　　写着不同组名的席卡或者纸条。

（三）建议时间

　　10分钟。

（四）活动过程

　　按号重组游戏。

　　请每位学员按照数字的顺序进行叫号，例如，第一位学员开始叫1，第二位接着叫2……一直到第6位学员叫到6时结束；下一位学员又重新从1开始叫号。叫到相同数字的人被分到一组,成为组员。例如,叫到 1 的学员全部分到第一组中,叫到 2 的学员组成第二组,以此类推。

活动三　讲解介绍

(一) 活动目标

了解联合国《公约》,知道《公约》的一些基本内容。

(二) 材料准备

(1)《公约》背景资料;

(2)《公约》培训资料;

(3) 电脑;

(4) 投影仪;

(5) PPT 课件。

(三) 建议时间

20 分钟。

(四) 讲解内容

(1) 介绍《公约》产生的历史背景。

(2) 简要地概述《公约》的内容。

资料卡 1-1

《儿童权利公约》制定的历史背景

艾格兰泰恩·杰布女士(Eglantyne Jebb)是英国救助儿童会的创建者,她在儿童权利方面的工作在全世界范围内都产生了深远影响。她坚定地认为所有国家应该联合起来,保护儿童并提高他们的生活质量。1923 年,她起草了一份《儿童宪章》并在国际上大力推广这一理念。

在 60 年后,联合国制定了一份《儿童权利公约》。直到 1989 年,除了美国和索马里以外的所有联合国成员国,都签署认可了《儿童权利公约》,这一公约反映了艾格兰泰恩·杰布女士起草的《儿童宪章》的初衷。这也是联合国内得到最广泛、最强有力支持的唯一的一部公约。中国为签约国之一。

活动四　头脑风暴

（一）活动目标

　　清楚地了解儿童的四大基本权利：生存权、保护权、发展权、参与权。

（二）材料准备

　　大白纸、马克笔、圆点贴、胶带或者吸铁石若干、黑板、电脑、投影仪、PPT 课件。

（三）建议时间

　　40 分钟。

（四）活动内容

　　1. 讨论与分享"儿童基本权利"

　　讨论"儿童有什么样的权利"？并用 5 个关键词的形式记录在大白纸上。小组讨论完成以后，组间成员进行成果分享。

　　2. 按照标题进行分类

　　培训师将儿童的基本权利确定为生存、保护、发展和参与的权利。由组长带领组员讨论《公约》条款的含义，并按照"生存、保护、发展、参与"四个标题将条款进行分类。小组讨论完成之后，请每一个小组选出代表说明自己归类的方法和理由。

　　3. 活动总结

　　培训师需要为学员明确该活动与主题之间的关系。培训师在主持活动总结时需要指出每一个标题下条款的数量，并找出哪一个标题下的条款最多，并对各组学员的表现给予适当的评价，对活动的内容进行点评。

活动五　小组讨论

（一）活动目标

　　辨别"需要"和"需求"；了解什么是儿童的基本需要；明白最基本的需要与儿童权利之间的关系。

（二）材料准备

　　区分需要和需求的"图片"、大白纸、马克笔、圆点贴、胶带或者吸铁石若干、黑板。

(三) 建议时间

60 分钟。

(四) 活动过程

1. 讨论"需要"和"需求"的概念

(1) 活动开始

培训师现场分发辨别"需要"和"需求"的一组卡片,每个小组一套。组员将图片摆放在桌子中央,由小组成员共同决定哪些卡片体现的是"需要",哪些卡片体现的是"需求"。之后,将选出的卡片摆放在大白纸上。

(2) 组内讨论

组员共同讨论"需要"和"需求"的定义,将讨论的结果写在大白纸上。

(3) 组间分享

每组选出一名代表,各个小组将讨论的结果与大家进行分享并反馈给全体学员。

(4) 培训师总结

培训师根据讨论的结果进行总结,并给出"需要"和"需求"的异同。

2. 讨论"儿童最基本的需要"

(1) 活动开始

培训师提出"什么是儿童最基本的需要"？所用的材料是辨别"需要"和"需求"的卡片。

(2) 培训师提出如果政府经济条件有限,不能满足儿童的所有需求,只能满足12种需求。然后让每一组成员从卡片中选出12张最能体现"儿童最基本的需要是什么"的卡片。

(3) 培训师再次讲到如果政府缩减开支,只能满足儿童的8种需求,让每一组成员从卡片中选出最能体现"儿童最基本的需要"的8张卡片。

(4) 培训师最后讲到国家发生重大自然灾害,只能满足儿童的4种需求,让每一组成员从剩下的卡片中选出最能体现"儿童最基本的需要"的4张卡片。

(5) 培训师将每一组最后选出的4张卡片贴在展示台或者黑板上。每一组选出一名代表分享这样选择的理由。

3. 探讨"儿童基本权利与需求"之间的关系

(1) 组内讨论

每一个小组就"儿童基本权利与需求"之间的关系进行讨论。

（2）组间分享

每一个小组讨论结束之后,各个小组代表分享讨论的结果。

（3）培训师总结

培训师总结每组讨论的结果,并对"儿童基本权利与需求"的关系进行讲述。

资料卡 1-2

儿童的生命安全权包括：

生命权：指儿童与生俱来的拥有生命的权利。

健康权：指儿童有权享受可达到的最高标准的健康。

生活保障权：指儿童有获得足够的食物,拥有一定的住所以及获得其他生活基本保障的权利。

每个儿童均有固有的生命权,国家应最大限度地确保儿童的生存和发展。儿童有权享有可达到最高标准的健康,并享受医疗和康复设施。国家应努力确保没有任何儿童被剥削获得这种保健服务的权利;降低婴幼儿的死亡率;提供必要的移交援助和保健,消除疾病和营养不良现象;确保母亲得到产前和产后保健,提供有关保健的教育,开展预防保健,采取有效和适当措施,以期废除对儿童健康有害的传统习俗,促进和鼓励国际合作。

资料卡 1-3

每个儿童有权享有足以促进身体、心理、精神、道德与社会发展的生活水平。儿童受教育权利包括接受正规和非正规教育。

正规教育：包括义务小学教育、中学教育(普通及职业教育)、高等正规的学校教育。

非正规教育：是指儿童通过学校以外的其他条件,如获得有关的信息或参加活动等,而受到有利于知识、身体、性格等方面的健康发展的教育。

资料卡 1-4

儿童有权免受歧视：每一位儿童不应因本人或其父母的种族、肤色、性别、语言、宗教、政治或其他观点或者身份受到任何歧视。国家应采取一切适当措施，确保儿童得到保护。在有关战争、灾难、武装冲突等危机和紧急情况下，儿童有权获得保护。

资料卡 1-5

儿童的社会参与不仅是他们的基本权利，也是他们成长和发展的基本需要。在《公约》中，缔约国应确保能够形成自己看法的儿童有权对影响儿童的一切事项自由发表自己的意见，儿童具有自由发言的权利，包括通过口头、书面、印刷、艺术形式或儿童所选择的其他媒介传递思想和意见。

儿童参与权实现的步骤，经过非参与到参与的阶段。非参与阶段是儿童完全受支配，按照成人的意志被动参与，这时儿童不明白参与的真正含义。到了象征参与阶段，儿童也很少有选择的权利。参与阶段，根据参与的程度，依次分为：成人制订计划，儿童自愿参与；征询儿童意见，并告知儿童获得重视；成人出主意与儿童共同决定；儿童出主意和决定，成人帮助；儿童出主意制订计划，邀请成人决定。

在参与式教学中，通过参与式的方式让每一位儿童参与到课堂教学中来。

资料卡 1-6

我们面对的是脆弱的儿童群体，需要保护他们。因此，儿童的教师要懂得基本需要和基本权利方面的知识，以便于作出正确的决策。

- "基本需求"是指每个人要生存、成长并最大限度地发展必须具备的需求。这些需要当中最基本的那些往往被称为"权利"。
- 需求的存在不取决于它的满足与否。

> - 儿童的需求与成人的需求同样重要。
> - 儿童相对于成人而言,对自己的生活更缺少控制力。
> - 儿童往往依赖成人来保证他们的基本需求得到满足。
> - 所有人都应当享有这些需求,这是公正、公平而合乎道义的。
> - 所有儿童生来就享有权利,即使这些权利不受他人的认可。权利是无国界的。父母、社区和政府有义务来维护这些权利。
> - 儿童权利,同时也是人权的一部分,通过《公约》来获得国际上的保证和监督。

活动六　总结讲解

（一）活动目标

总结提升、理论讲解、后续安排。

（二）材料准备

电脑、投影仪、PPT课件。

（三）建议时间

20分钟。

（四）讲解内容

1. 对《公约》进行总结,并概括"儿童权利和需求"的基本观点。
2. 明确"儿童需求和权利"之间的关系。
3. 熟悉儿童的基本权利。
4. 后续工作的安排。
5. 培训的反馈与评估。

第一单元 儿童权利公约

儿童权利卡片

自己可以动用的零花钱	衣服	电视机	旅游度假
清洁饮用水	免受虐待及疏忽教育	教育	电脑
宗教及崇拜的自由	没有污染的空气	自行车	糖果
免受歧视	食物	运动场	医疗照顾
表达意见和意见获得聆听的机会	音响	个人空间	合适的居所

知识链接

《儿童权利公约》中与教育有关的部分条款

第3条

1. 关于儿童的一切行动,不论是由公私社会福利机构、法院、行政当局或立法机构执行,均应以儿童的最大利益为一种首要考虑。

2. 缔约国承担确保儿童享有其幸福所必需的保护和照料,考虑到其父母、法定监护人或任何对其负有法律责任的个人的权利和义务,并为此采取一切适当的立法和行政措施。

3. 缔约国应确保负责照料或保护儿童的机构、服务部门及设施符合主管当局规定的标准,尤其是安全、卫生、工作人员数量和资格以及有效监督等方面的标准。

第28条

1. 缔约国认识到儿童有受教育的权利,在机会均等的基础上逐步实现此项权利,缔约国尤应:

(a) 尽力实现全面的义务免费小学教育;

(b) 鼓励发展不同形式的中学教育,包括普通和职业教育,使所有儿童均能享有和接受这种教育,并采取适当措施,诸如实行免费教育和对有需要的人提供津贴;

(c) 根据能力尽可能使所有人享受接受高等教育的机会;

(d) 使所有儿童均能得到教育和职业方面的信息和指导;

(e) 采取措施鼓励学生按时出勤和降低辍学率。

2. 缔约国应采取一切适当措施,确保学校执行纪律的方式符合儿童的人格尊严及本公约的规定。

3. 缔约国应促进和鼓励有关教育事项方面的国际合作,特别着眼于在全世界消灭愚昧与文盲,并且为获得科技知识和现代教学方法提供便利。在这方面,应特别考虑到发展中国家的需要。

第 29 条

1. 缔约国一致认为教育儿童的目的应是：

(a) 最充分地发展儿童的个性、才智和身心能力；

(b) 培养对人权和基本自由以及《联合国宪章》所载各项原则的尊重；

(c) 培养对儿童的父母、其自身的文化认可、语言和价值观、儿童所居国家的民族价值观、其原籍国以及不同于其本国文明的尊重；

(d) 培养儿童本着各国人民、族裔、民族和宗教群体以及原为土著居民之间的谅解、和平、宽容、男女平等和友好的精神，在自由社会里过有责任感的生活；

(e) 培养对自然环境的尊重。

2. 对本条或第 28 条任何部分的解释均不得干涉个人和团体建立和指导教育机构的自由，但须始终遵守本条第 1 款载列的原则，并遵守在这类机构中实行的教育应符合国家可能规定的最低限度标准的要求。

第 31 条

1. 缔约国认识到儿童有权享有休息和闲暇，从事与儿童年龄相宜的游戏和娱乐活动，以及自由参加文化生活和艺术活动。

2. 缔约国应尊重并促进儿童充分参加文化和艺术生活的权利，并应鼓励提供从事文化、艺术、娱乐和休闲活动的适当和均等的机会。

第 32 条

1. 缔约国认识到儿童有权受到保护，以免受到经济剥削和从事任何可能阻碍或影响儿童受教育或有害儿童健康或身体、心理、精神、道德或社会发展的工作。

2. 缔约国应采取立法、行政、社会和教育措施确保本条得到执行。为此目的，并鉴于其他国际文书的有关规定，缔约国尤应：

(a) 规定受雇的最低年龄；

(b) 规定有关工作时间和条件的适当规则；

(c) 规定适当的惩罚或其他制裁措施以确保本条得到有效执行。

资料来源：http://www.unicef.org/crc/fulltext.htm。

第二单元　参与式教学概论

> 　　教师与学生的相遇如同与异乡人的会见。承认学生为异乡人旨在尊重学生自己的认知与存在方式,同时通过与学生的交往而达成教师自身的转变。在学生为异乡人的语言中,教学成为一种邀请,邀请学生参与对新现实的共同构建,对意义的共同追求,以及邀请学生一起开展回忆与想象的活动,在通往未知的路上,教师与学生在共同的旅程中成为伴侣。
>
> ——小威廉姆·E. 多尔

一、单元导读

本单元从反思教学的现状入手,引导教师发现教学的问题,了解自己的教学理念,理解参与式教学的重要性与意义,掌握参与式教学的理论与方法。

本单元的主要学习内容是参与式教学的概念与方法,培训形式主要有讲解、游戏、头脑风暴、优先排序、讨论分享与集中指导等。

二、单元时间

3 小时。

三、培训的内容结构

本单元的培训内容包括参与式教学的概念、特点、原则与方法。

四、单元活动流程

时间	主要流程	讨论主题	活动形式
10 分钟	开场介绍	介绍本次活动主要目标、研究内容及后续安排	讲解
10 分钟	分组热身	热身,参与者分成小组,分组作后续讨论	游戏
60 分钟	参与式教学相关概念及理论	用关键词表示你眼中的参与式教学应该是什么样的?	头脑风暴 讨论分享
20 分钟		休息茶歇	
60 分钟	参与式教学方法讨论	您认为参与式教学包括哪些方法? 在您的学科教学中,您用过哪些方法?	头脑风暴 讨论分享
10 分钟	总结	总结活动成果,确定下一步执行方案	集中指导
10 分钟	后续工作安排 + 培训反馈	给学员布置实践任务;培训参与者作培训反馈	集中指导

五、资源核检表

资源	内容	是否完成
资源1	《参与式教学300问》(概论)	☐
资源2	分组热身游戏	☐
资源3	《参与式教学指导手册》	☐
资源4	写有不同名称的纸条(供游戏时使用)	☐
资源5	1张8开白纸,铅笔每人1支	☐
资源6	反馈卡片(每位学员一张)	☐
资源7	黄色的小星星20颗	☐
资源8	黑色马克笔10支,每组2支	☐

六、具体的活动过程

活动一 开场介绍

（一）活动目标

　　介绍项目方案。

（二）材料准备

　　电脑、投影仪、PPT课件。

（三）建议时间

　　10分钟。

（四）活动过程

　　1. 阐述该次活动的主要目标。

　　2. 介绍该次活动的计划安排。

　　3. 交代学员需要完成的任务要求。

活动二 分组热身

（一）活动目标

　　相互认识。

（二）材料准备

　　写着词语的纸条、装着纸条的杯子、写着小组名的名牌。

（三）建议时间

　　10分钟。

（四）活动过程

　　1. 家庭重组游戏（分组）

　　请每位学员在桌上的纸杯中拿出一张纸条，纸条上为一个词语（如水果名、人名、动物名、植物名等），请想办法在最短时间内找到同一家族的其他词语，并与该学员组成一家。事先在每个桌子上放好组名，以便分组。（每组4—6人）

2. 破冰游戏(热身)

以小组为单位,第一位学员先做自我介绍:

"我是_____学校的_____(名字)",

第二位学员在重复第一位学员的学校与名字之后说出自己的学校与名字:

"我是_____学校的_____老师后面的_____学校的_____(名字)"。

以此类推,直到最后一位学员。

通过此活动,大家可以在较短的时间之内相互认识,拉近各位学员的距离,让他们在更放松的氛围下讨论、交流。

活动三 头脑风暴

(一) 活动目标

用关键词描述你眼中的参与式教学。

(二) 材料准备

大白纸、马克笔、彩色圆点、铅笔、胶带。

(三) 建议时间

60 分钟。

(四) 活动过程

1. 组内讨论

如何理解参与式教学?你眼中的参与式教学是什么样的?

在大白纸上写下 5 个关键词来描述参与式教学。

课堂实录 2-1

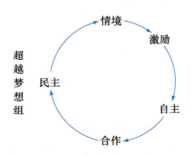

2. 组间分享

每组选代表发言,向其他小组汇报讨论结果,组间分享。

课堂实录2-2

第一组:质疑、合作探究、共享、体验、享受
第二组:情境、质疑、猜想、合作、交流
第三组:平等、自主、合作、探索、分享
第四组:情境、激励、合作、民主、自主

3. 优先排序

每位参与者把彩色圆点贴在自己认为最能突出参与式教学的关键词上,每人选出3个,最后进行优先排序。

课堂实录1

课堂实录2

以下表格是学员在课堂上排序的统计结果:

优先排序前十名表

序号	关键词	票数
1	平等、民主	22
2	共享、分享	15
3	激励评价	12
4	目标(有效性)	11
5	小组展示交流、讨论	9
6	合作、探究、验证	9

（续表）

序号	关键词	票数
7	享受	7
8	学生发现问题、提出质疑、解决问题	5
9	体验	4
10	创设情境	4

筛选出最重要的 5 个关键词，每组挑选一个关键词进行后续讨论。

活动四　小组讨论

（一）活动目标

了解参与式教学有哪些方法。

（二）材料准备

大白纸、马克笔、彩色圆点、铅笔、胶带。

（三）建议时间

60 分钟。

（四）活动过程

1. 每组按关键词、选择的原因、可用教学方法、执行的计划四个维度讨论已选择的一个关键词，写在大白纸上。

工作纸 2-1

关键词：	选择的原因： （1） （2） （3） ……
可用哪些教学方法： （1） （2） （3） ……	执行的计划： （1） （2） （3） ……

2. 组间分享

每组选一名代表,汇报组内讨论结果,其他小组参与互动与评论。

资料卡 2-1

参与式教学的方法

- 提问
- 小组合作
- 课堂讨论
- 角色扮演或戏剧表演
- 头脑风暴
- 讲故事
- 辩论

……

活动五　总结讲解

（一）活动目标

总结提升、理论讲解、后续安排。

（二）材料准备

电脑、投影仪、讲稿、PPT 演示。

（三）建议时间

15 分钟。

（四）讲解内容

1. 对学员工作坊的活动进行总结。
2. 对参与式教学的概念、特点、原则与方法进行讲解与说明。
3. 后续工作安排。
4. 培训反馈与评估。

资料卡 2-2

　　所谓参与式教学,既是一种新的教学理念,又是一种新的教学方式。它强调以学生为中心,重视学生在教学过程中的自主参与。

　　参与式方法,并没有一套固定的方法和技巧,只要让所有在场的人都"动"起来,每个人都有体验、探究、合作、表达和交流的机会,都是参与式学习。学习的目的不仅仅是授之以鱼,而且要授之以渔,使参与者提高学会学习的能力。

　　参与式教学的理念:全纳、尊重、平等、合作、自主、探究

　　(参见陈向明编著:《在参与中学习与行动》,教育科学出版社 2003 年版)

资料卡 2-3

参与式教学的主要特点

(1) 强调以学习者为中心;

(2) 强调平等对话;

(3) 强调自主合作;

(4) "做中学"的思想,"听来的容易忘,看到的记不住,只有动手做才能学会";

(5) 教师的角色是"催化剂"或者"协助者"。

第三单元　问题式学习

　　创造始于问题,有了问题才会思考,有了思考,才有解决问题的方法,才有找到独立思路的可能。

—— 陶行知

　　提出一个问题往往比解决一个问题更重要,因为解决问题也许仅仅是一个教学上或实验上的技能而已。而提出新的问题新的可能性,从新的角度去看旧的问题,都需要有创造性的想象力,而且标志着科学的真正进步。

——爱因斯坦

单元导读

本单元从教学中经常出现的问题着手,引导学员发现自己在课堂教学中提问出现的问题,强化学员的问题意识。理解问题式学习的重要性和意义,熟知问题式学习的理论和方法。提高学员的课堂提问能力并增强学员的团队协作能力。

本单元主要分为两个部分:理论培训篇和视频分析篇。本单元的主要学习内容是问题式学习的概念与方法、问题的类型、提问的技巧以及一种问题式学习的范例。培训的形式主要有讲解、游戏、头脑风暴、分享讨论与集中指导等。

理论培训篇

一、学习目标

通过问题式学习理论的学习使学员了解问题式学习的概念、方法以及特点等。在学员活动工作坊中,培训者使用头脑风暴的培训方式使学员掌握问题式学习有效提问的方法和技巧。

二、单元时间

3小时。

三、培训的内容结构

本单元的培训内容包括问题式学习的概念与方法、问题的类型、提问的技巧以及问题式学习的范例。

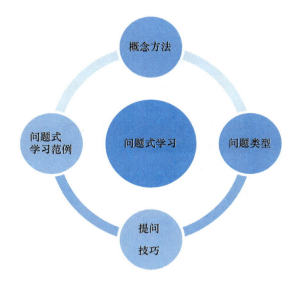

四、单元活动流程

时间	主要流程	讨论主题	活动形式
10 分钟	介绍 + 分组	介绍本次的主要目标、培训内容热身、分组	讲解
20 分钟	游戏	我问我猜	游戏
60 分钟	课堂提问中的问题	课堂提问中存在哪些问题？ 问题有哪些分类？ 产生这些问题的原因是什么？	头脑风暴 讨论分享
10 分钟	休息茶歇		
60 分钟	课堂提问中的策略	如何进行有效的提问？	头脑风暴 讨论分享
10 分钟	总结	总结培训成果	集中指导
10 分钟	后续工作安排	布置实践任务 培训反馈	集中指导

五、资源核检表

资源	内容	是否完成
资源1	《参与式教学300问》(问题式学习)	☐
资源2	分组热身游戏,问题式游戏	☐
资源3	写有不同名称的纸条(供游戏时使用)	☐
资源4	每组1张8开白纸	☐
资源5	反馈卡片(每位学员1张)	☐
资源6	黄色的小星星20颗	☐
资源7	黑色马克笔每组2支	☐
资源8	小礼物8个	☐

六、具体的活动过程

活动一　开场介绍

（一）活动目标

　　介绍本次活动的过程及内容,初步对学员提出要求。

（二）材料准备

　　PPT。

（三）建议时间

　　10分钟。

（四）活动过程

　　1. 回顾前期开展的活动。

　　2. 介绍本次培训的目标以及主要内容。

　　3. 对参与培训的学员初步提出要求。

活动二　游戏部分

（一）分组热身游戏

1. 活动目标

创设一个轻松愉快的氛围；让参与培训的学员之间相互熟悉；让每个学员都能够积极参与活动。

2. 材料准备

写有组名的卡片与席卡。

3. 建议时间

5分钟。

4. 活动过程

- 可以让学员按照自己的学校先坐好。
- 看学员一共有多少人，根据人数进行大致分组，每组最多不超过8人。
- 让每位学员进行报数，数字相同者为一组。

培训师提示 3-1

如果一共来了64位学员，那么可以分为8组，即每组要有8人，报数就报1—8，8以后的参与者再开始报1，数字相同者就为一组成员。

（二）问题式游戏

1. 游戏名称

"我问我猜"。

2. 活动目标

激发学员的问题意识；培养学员的提问能力；培养团队合作能力。

3. 材料准备

写着不同词语的卡片、8开白纸、星形贴纸、6个凳子、计时的服务人员。

> **培训师提示 3-2**
>
> 在准备词语卡片的过程中,要尽可能多地准备词语,最好为教育类的词语。例如:
>
> 第一轮所需词语:孟母三迁　陶行知　《论语》　因材施教　杜威　《美丽的大脚》
>
> 第二轮所需词语:不耻下问　《弟子规》　苏霍姆林斯基　三人行必有我师
>
> 第三轮所需词语:魏书生　铁杵磨成针

4. 活动时间

15—20 分钟。

5. 游戏规则

每组轮流进行提问和回答,时间是 2 分钟;协助者不能直接说出与答案相同的字词,否则退出比赛。

6. 活动流程

(1) 分组:将学员根据人数进行平均分组。

(2) 选出代表:每组自由选出一个代表,面朝大家坐到培训前面的凳子上。

(3) 定序:由该组选出的这名代表抓阄抽题,抓阄的序号决定抽的题目,同时也决定这名代表者游戏的顺序。

(4) 问—答:坐在前面凳子上的代表为了猜出所抽的题目答案,不断向本组成员提出问题,组内成员协助他得出正确答案,但不能直接说出与答案相同的字词,否则退出比赛。

(5) 优胜劣汰:每组 2 分钟,轮流比赛,逐轮淘汰。直到选出最后的获胜者。对获胜者奖励小礼物。

> **活动小贴士 3-1**
>
> 1. 事先分组,每组选派一名代表。
> 2. 事先在场地前面摆好凳子或椅子。
> 3. 台上的代表要面朝小组成员,看不到答案,但本组成员能够看到答案。
> 4. 代表为了猜出这个词语,通过不断问问题的方式向组内成员求助,组内成员可提示启发,但不能直接说出卡片上的词语,否则犯规。
> 5. 每组只有两分钟。
>
> 第一轮比赛中的胜出者获得参加第二轮比赛的机会,以此类推,直到决出最后的胜利者。

活动三 课堂提问中出现的问题

（一）活动目标

认识课堂"提问"出现的问题。

（二）材料准备

大白纸、马克笔、彩色圆点、铅笔、胶带、吸铁石。

（三）主要形式

头脑风暴、小组讨论、集中指导。

（四）建议时间

50 分钟。

（五）活动过程

1. 组内讨论

列出课堂提问中的问题;在大白纸上写出 5 个最急需解决以及可能解决的问题。

2. 组间分享

每组选出一名代表,汇报本组讨论结果,进行组间分享。

课堂实录 3-1

每组选出代表发言,向其他小组汇报讨论的结果。

第一组:提问的针对性不强;教师提问表述不清;提问过于频繁;提问设计无效,如:好不好,对不对,是不是,同意吗等;课堂难易程度把握不好。

第二组:提出的问题没有学生回应;提问语言不够精练,目的不明确;提出的问题与文本不贴切,缺乏针对性;提出的问题过于简单或偏难;一节课中,教师的提问缺乏连贯性,没有循序渐进性。

第三组:问题太大,指向不明;问题问得琐碎,无意义;问题设计缺乏坡度,缺乏对学情的分析,没有从学生的角度去设计;学生答非所问;答题权力被部分学生包揽,学生的参与面窄。

第四组:课堂提问如何达到有效性(针对课堂目标过于简单的现象);课堂提问与学生兴趣的激发有何关系;如何控制课堂提问的重复性;如何针对学生的具体情况;如何使提问具有循序渐进性。

……

课堂实录 3-2

每位学员用彩色圆点,贴在自己认为最能突出课堂提问存在的问题上,以不记名的形式进行,每人限 3 票。最后进行优先排序。以下是具体排名情况:

序号	课堂提问中出现的问题	票数
1	教师提问的层次性/连贯性/循序渐进性	25
2	课堂提问的难易程度把握	21
3	教师提问的针对性,回答问题的权利被部分学生承包	19
4	教师提问的趣味性问题	17
5	教师提问的表述方式,表述不清/目的不明	16

活动四　如何开展课堂提问

（一）活动目标

了解有效开展课堂提问的方法；了解问题式学习的范例。

（二）材料准备

大白纸、马克笔、彩色圆点、铅笔、胶带、吸铁石。

（三）主要形式

头脑风暴、问题树、小组讨论。

（四）建议时间

40 分钟。

（五）活动过程

1. 每组按问题、原因、解决方案、执行计划四个维度讨论已选择的一个问题，每一小组在排名前五的问题中找出一个问题进行探讨，用知识树表示：树干——问题，树根——产生该问题的原因，树枝——解决该问题的方案。探讨完毕后，每组选一名代表进行 3 分钟的简单陈述，并进行组间交流。最后，在大白纸上画"问题树"。

工作纸 3-1

问题：	原因： （1） （2） （3） ……
解决方案： （1） （2） （3） ……	执行计划： （1） （2） （3） ……

课堂实录 3-3

2. 组间分享

每组选出一名代表,汇报本组的讨论结果,其他小组参与互动与评论。

课堂实录 3-4

第一组:

问题:如何提高课堂的循序渐进和层次性?

原因:1. 对学生不了解,学生的知识面窄,知识水平参差不齐;

   2. 对教材的剖析不透彻;

   3. 对课堂整体把握不够好;

   4. 问题难易判断不明确。

建议:1. 加强与学生的沟通,了解学段学情;

   2. 制订明确的教学目标及其重点;

   3. 研究教材,加强个人的备课,制定与班级学情相应的教学策略;

   4. 提升问题的针对性和艺术性。

第二组:

问题:如何提高学生的参与度?

原因:1. 学生担心出错怕丢脸;

   2. 学生基础差,缺乏信心;

3. 学生的学习兴趣不高；

4. 问题缺乏吸引力；

5. 不屑于回答；

6. 教师对部分学生缺乏关注；

7. 教师为了赶进度匆忙完成教学目标。

建议：1. 了解学情，全面考虑；

2. 小组合作，互帮互助；

3. 问题要有层次性；

4. 善于激励学生，要以表扬为主；

5. 问题要有趣味性；

6. 提升教师的个人魅力；

7. 钻研教材，合理分配重难点；

8. 提前预设一些问题，让学生学会预习。

第三组：

问题：如何提高学生的参与度？

原因：1. 问题的开放性不足；

2. 未针对全体学生；

3. 对问题的主体把握不清；

4. 问题的坡度不合理；

5. 问题的趣味性不强。

建议：1. 立足教材，设计具有讨论价值的问题；

2. 立足学情，面向全体学生，设计具有层次性的问题；

3. 把主动权还给学生，给学生质疑的机会；

4. 预设问题时要注意循序性和连贯性、启发性；

5. 贴近生活，教师要注重自身的语言感染力。

……

活动四　总结与反馈

（一）活动目标

理论讲解、总结提升、后续事项。

（二）材料准备

投影仪、电脑、讲解 PPT。

（三）建议时间

15 分钟。

（四）活动过程

1. 对本次学员活动工作坊进行总结。
2. 对问题式学习的概念、方法、提问技巧、范例进行深入讲解及说明。
3. 后续工作安排：要求每位学员录制一节问题式学习的公开课，培训师对每位学员的课堂录像进行视频分析。
4. 培训反馈与评估。

视频分析篇

一、学习目标

利用视频分析问题式学习的课例，使学员更容易发现课堂中出现的问题，并尝试寻找解决问题的方案。

学员之间的分享和讨论促使学员掌握更多的问题式学习的教学方法和技巧。

二、单元时间

3 小时。

三、培训的内容结构

本单元主要是对学员进行问题式学习的视频指导，找出学员在课堂教学中问题式学习的优点与不足。

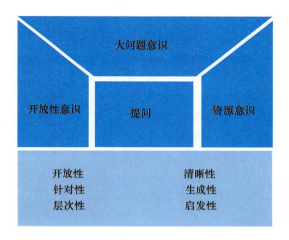

四、单元活动流程

时间	主要流程	讨论主题	活动形式
10 分钟	介绍 + 分组	介绍本次的主要目标、培训内容热身、分组	讲解
70 分钟	对完整的课例进行视频分析	问题式学习的优点 问题式学习的不足 产生这些问题的原因是什么？	头脑风暴 讨论分享
10 分钟	休息茶歇		
60 分钟	对视频片段进行专题视频分析	优点 不足	集中指导
10 分钟	总结	总结培训成果	集中指导
10 分钟	后续工作安排	布置实践任务 培训反馈	集中指导

五、资源核检表

资源	内容	是否完成 ✓
资源 1	《参与式培训 300 问》(问题式学习)	☐
资源 2	完整的视频课例	☐
资源 3	写着不同组名的纸条	☐
资源 4	1 张 8 开白纸	☐
资源 5	反馈卡片(每位学员一张)	☐
资源 6	分类整理的视频片段	☐
资源 7	黑色马克笔每组 2 支	☐
资源 8	铅笔每人 1 支	☐
资源 9	不同颜色的贴点、五角星等	☐

六、具体的活动过程

活动一　开场介绍

(一) 活动目标

介绍该次活动的流程和具体内容。

(二) 材料准备

PPT。

(三) 建议时间

10 分钟。

(四) 活动过程

1. 对所在的成员按照学科进行分组。
2. 对上次问题式学习的理论培训作出简要总结。
3. 阐明本次"问题式学习"视频分析的主要目标,交代培训的主要计划及对参与学员的要求。

活动二　分析完整的视频课例

（一）活动目标

在实践教学中体会问题式学习的方法，尝试评论实践教学中问题式学习的优点与不足。

（二）材料准备

大白纸、马克笔、彩色圆点、铅笔、胶带。

（三）建议时间

80 分钟。

（四）活动过程

1. 观看完整的课堂教学视频
   - 找出该节课的问题式学习的优点；
   - 找出该节课在课堂提问中需改进的地方；
   - 对该节课提出重构建议；
   - 小组分工合作；
   - 课堂观察记录。

2. 组间分享

每组选代表发言，向其他小组汇报本组讨论结果进行组间分享。（代表发言的时间需要进行设定）

课堂实录 3-5

第一组：

优点：1. 将课文分为两大部分，思路清晰。
2. 设计的问题具有层次性。
3. 充分发挥学生的主体地位，问题具有启发性。

需改进之处：教师的引导语太细。

重构建议：1. 学生读书的方式比较单一，建议采用不同的方式读书，读出文中的感情。

2. 可以利用肢体语言生动表达动词的作用。

第二组：

优点：1. 借助PPT展示"刺猬偷枣"过程，吸引了学生的眼球，让学生动眼、动脑、动口相结合，突破了本课的重难点。

2. 充分利用课堂生成资源，引导学生辨析"落"和"掉"的区别。

3. 问题的设计、导学效果好；整堂课收放自如，突出表现了老师主导及学生主体地位。

需改进之处：1. 细节问题如"落"和"掉"还需讲透彻。

2. 课堂板书可以更加完善。

第三组：

优点：1. 思路清晰。

2. 由扶到放。

需改进之处：1. 指令不够清晰，易误导学生。

2. 阅读方式单一。

3. 板书不清晰，不便于表述。

重构建议：1. 问题具有引导性。

2. 用视频先看到复述再到找词最后归纳。

3. 互动有效。

活动三　专题分析

（一）活动目标

进行视频案例分析，掌握课堂有效提问的方法与技巧。

（二）材料准备

PPT、铅笔、A4白纸。

(三) 建议时间

80 分钟。

(四) 活动过程

分析视频的总体情况：

1. 优点

- 创设情景，激发问题；
- 用问题贯穿整个教学环节；
- 教师提问方式多样（个人、小组、全班）；
- 问题类型具有开放性（体现学科差异，语文、数学明显，英语较少）；
- 通过小组合作来讨论问题；
- 提问的主体向学生转变。

资料卡 3-2

当前在课堂教学中存在的"问题"现象有哪些？
- 无疑问；
- 不知问；
- 不会问；
- 不敢问。

2. 不足

- 学生资源意识不强；
- 学生参与面不广；
- 留给学生思考问题的时间不当（过短或过长）；
- 教师对学生的回答反馈不足（无视、无效、单一、不具体或缺乏追问等）；
- 教师的问题不清晰（关于问题的目的、顺序、难易、表述等）；
- 预设太强，生成不足（教师预设的答案与学生的回答不同，替代学生思维等）。

3. 课堂重构的建议

课堂重构可以依据课堂有效提问的核检表进行修改和完善。

资料卡 3-3

有价值问题的特点：
- 具有一定的开放性；
- 保持一定的难度；
- 有明确的目的；
- 具有针对性。

工作纸 3-2

课堂有效提问核检表

序号	指标	说明	1 低	2	3	4	5 高
1	开放性	重心下移,拓展性					
2	针对性	对象,难易					
3	层次性	坡度,顺序性,循序渐进					
4	清晰性	目的,表述					
5	生成性	错误资源,差异资源					
6	启发性	启发诱导,激发兴趣					

资料卡 3-4

教师应该做到：
- 树立正确的问题意识；
- 给学生营造"问"的氛围；
- 教学生提出问题的途径和方法。

资料卡 3-5

提出有效问题的策略：
- 讨论的时间要充裕；
- 引导学生的思考向纵深发展；
- 使过程清晰；
- 让学生提问；
- 对学生的回答给予肯定和支持；
- 注意教师自己的用词；
- 尽量让尽可能多的学生都说话；
- 对问题设定适当的限制；
- 及时获得反馈。

活动四 总结讲解

（一）活动目标

总结提升、理论讲解、后续安排。

（二）材料准备

电脑、PPT课件、投影仪。

（三）建议时间

10分钟。

（四）讲解内容

1. 对本次学员工作坊的活动进行总结。
2. 后续工作安排。
3. 培训反馈与评估。

问题式学习

1. 问题式学习的概念

问题式学习(Problem-Based Learning,简称PBL),或译为"问题本位学习",强调把学习设置到复杂的、有意义的问题情境中,通过让学习者合作解决真实性(authentic)问题,来学习隐含于问题背后的科学知识,形成解决问题的技能,并形成自主学习的能力。通过引导学生解决复杂的、实际的问题。

2. 问题式学习的理论来源

- 建构主义(constructivism)理论;
- 合作学习(cooperative learning)理论;
- 情境学习(situated learning)理论。

3. 问题式学习的特点

- 问题必须能引出与所学领域相关的概念原理;
- 问题应该是结构不良的、开放的、真实的;
- 激发学生思考、探索;
- 给予学生及时的反馈;
- 问题的选择要具体考虑教学目标以及学习者的知识、技能水平和动机态度等因素。

第四单元　合作式学习

1+1=2？这个问题在大家看来是一道人尽皆知的数学题目，但是如果将这个题目放到我们的教学方法中，那试想一下会产生什么效果？如果将教师的教学变革为学生之间的合作学习，那么相信1+1＞2也是确实会存在的。

请大家走入合作学习的单元，在合作学习的知识海洋中徜徉，感受与以前不同的教学方法带给我们的无穷魅力……

单元导读

本单元主要从当前的教育环境着手,引导教师了解更多的教学方法和技巧,理解合作学习的重要性和意义,掌握合作学习的理论和方法。

本单元的主要学习内容是合作学习的理论以及在实践中如何应用。本单元共分为理论知识篇、实践操作篇和视频分析篇。培训的形式主要有讲解、头脑风暴、小组讨论分享、集中指导、视频分析等。

理论知识篇

一、学习目标

培养学员在教育教学过程中合作交流的能力,学习相关的理论知识,掌握相关的教学方法和技巧,并注意合作学习中易出现的问题。

二、活动时间

3 小时。

三、培训的内容结构

培训的内容主要包括合作学习的概念、要素、方法、策略以及实践能力。

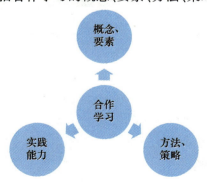

四、单元活动流程

时间	主要流程	讨论主题	活动形式
10 分钟	开场介绍	介绍本次活动的主要目标、培训内容及后续安排	讲解
90 分钟	专题讲座	合作学习的理论知识部分	讲解
10 分钟	休息茶歇		
60 分钟	工作坊	合作学习工作坊	头脑风暴 讨论分享
10 分钟	总结+培训反馈	给学员布置实践任务;培训参与者作培训反馈	集中指导

五、资源核检表

资源	内容	是否完成
资源1	《参与式教学300问》(合作式学习)	☐
资源2	电脑、PPT课件、投影仪	☐
资源3	写着组名的字牌	☐
资源4	1张8开白纸	☐
资源5	反馈卡片(每位学员1张)	☐
资源6	彩色的圆点贴	☐
资源7	黑色马克笔每组2支	☐
资源8	铅笔每人1支	☐
资源9	胶带、吸铁石	☐

六、具体的活动过程

活动一　开场介绍

（一）活动目标

介绍本次活动的背景、流程及主要内容安排。

（二）材料准备

《参与式教学300问》（合作式学习）、PPT课件、电脑、投影仪。

（三）建议时间

10分钟。

（四）活动过程

1. 介绍"合作学习"的背景以及重要性。
2. 介绍本次培训的主要流程。
3. 阐明本次培训的主要目的，并对参与培训的学员提出相关的要求。

活动二　专题讲座

（一）活动目标

学习合作学习的理论知识，掌握合作学习的方法和技巧。

（二）材料准备

电脑、投影仪、PPT课件、视频。

（三）建议时间

90分钟。

（四）讲解内容

1. 开展合作学习的原因

结合当前教育变革以及教师专业发展背景进行讲解。

资料卡 4-1

21世纪教师应该具备的能力：
- 合作能力　Collaboration
- 沟通能力　Communication
- 创造力　Creativity
- 批判反思力　Critical Thinking
- 同情心　Compassion

2. 合作学习的概念

合作学习既是一种教育理论，又是一种教学方法和策略。合作学习是以共同的目标为基础，以小组形式进行的教学策略，组员互相帮助，共同提高和成长。

合作学习的理念是：以学习者为中心；互帮互学，共同进步；尊重与平等参与。

3. 合作学习的理论基础与基本要素

合作学习的理论基础：群体动力理论、社会互赖理论、建构主义理论。

合作学习的基本要素包括积极的相互依赖、面对面的互动、沟通的技能和个体的责任。

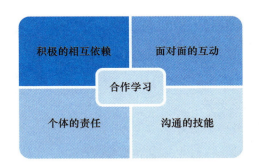

4. 合作学习的方法

合作学习的方法有二百多种，可以结合常用的"合作学习"方法进行培训。合作学习的方法不同，功用也不同。例如，有的方法是为促进学生的思考和解难能力；有些方法是为帮助学生精熟概念；有些方法是为了加强学生的沟通和合作；还有一些合作学习的方法是为了照顾学生的学习差异。

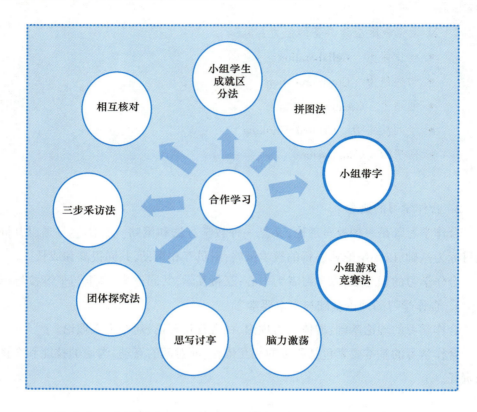

（1）学生小组成就区分法（STAD）

资料卡 4-2

学生小组成就区分法：

- 全班教学，教师大班教学。
- 分组学习，学生小组中练习并掌握。
- 学生评价，随堂测验，检查学习效果。
- 奖励表扬，设组员进步奖，表扬最佳小组。

（2）小组游戏竞赛法(TGT)

资料卡 4-3

小组游戏竞赛法

全班教学　分组学习　游戏竞赛　奖励表扬

（3）拆拼法(Jigsaw Ⅱ)

资料卡 4-4

拆 拼 法

- 全班教学：教师概述学习议题,分配小组成员学习任务,组员自行学习材料。
- 专家小组学习：负责相同子题的同学,另行组成专家小组,进行讨论。
- 异质小组学习：各子题专家回到原小组,将所负责的主题讲给其他组员。
- 学习评价：检查学习效果。
- 奖励表扬：对个人或小组进行表扬。

（4）发言卡(Talking Chips)

资料卡 4-5

发 言 卡

1. 在讨论时,每个组员均获发相同数量的卡片。
2. 当一个组员想发表意见时,需先将其卡放于桌上。
3. 卡片用完则不可再发言。
4. 当每人所有发言卡用完后,每位组员再获发相同数量卡片。
5. 组员可继续将其卡片放于桌上,然后发表意见。

（5）数字头（Numbered Heads Together）

资料卡 4-6

数 字 头

1. 教师给小组中每一位组员一个号或者数字。
2. 教师提出问题。
3. 组员一起商讨可能的答案。
4. 教师随机说出一个数码。
5. 所属数码的学生举手。
6. 教师从中选一个学生或多个学生作答。
7. 教师给予反馈。
8. 学生答案正确，可为小组赢取1分。

（6）相互核对（Pairs Check）

资料卡 4-7

相 互 核 对

1. 四人分成A、B两组，二人一组完成工作纸。
2. A组和B组的甲先做工作纸的上半部，乙则核对甲的答案。如乙对甲的答案无异议，便应称赞对方。
3. 然后二人交换角色，乙做工作纸的下半部，甲则核对乙的答案。
4. 完成后，A、B两小组互相比较答案。
5. 最后教师和全班一起核对答案。

（7）小组带字（Team Word-Webbing）

资料卡 4-8

小 组 带 字

1. 每个小组一起创作一个概念图。
2. 给每个组员一支不同颜色的笔。
3. 每个组员轮流为主题写出子题及有关的细项。

（8）思—讨—享（Think-Pair-Share）

资料卡 4-9

思—讨—享

1. 教师提出问题。
2. 先各自独立思考，并把答案或意见写下。
3. 然后二人一组，互相向对方讲出答案或意见并作简短讨论。
4. 最后向全组学员分享讨论的结果。

（9）三步采访（Three Steps Interview）

资料卡 4-10

三 步 采 访

1. 四人分成 A、B 两组，每组二人（甲、乙）。
2. 甲成员先采访自己的乙成员。
3. 然后乙成员采访自己的甲成员。
4. 最后四人轮流跟组员分享采访所得。

5. 播放合作学习案例的视频

通过播放一些课堂教学中使用不同合作学习方法的视频，让学员直观感受合作学习的方法如何操作，并通过实践的观摩加深对理论知识的理解。

6. 分析合作学习中易出现的问题

学员通过对合作学习常出现问题的把握，从而更好地掌握合作学习方法。

资料卡 4-11

合作学习容易出现的问题：
- 有小组无合作；
- 片面追求合作形式，目标不明确；
- 教师的指导语不清；
- 你争我夺，争相表现，缺乏倾听；
- 个别学生游离；
- 讨论时间不足；
- 分组具有随意性；
- 讨论的主题缺乏挑战性。

7. 合作学习的实施策略

探讨学员在合作学习中的作用是什么？如何有效分组？小组角色如何分配？组员之间如何合作？小组合作学习的工具有哪些？如何排列座位？如何进行

评价？

（1）重要的合作技巧

技巧名称	说明
专注	不做其他事，不分心
倾听	目光注视说话的人，肢体前倾，不随意插话，微笑，点头
轮流发言	机会公平
掌握时间	设定并提醒时间，使用钟表，还剩几分钟
切合主题	避免离题，表达清楚
主动分享	分享想法，分享资料，交流经验
互相帮助	帮助别人，接受帮助，相互交流
互相鼓励	赏识对方，微笑，眼神接触，竖起拇指，击掌。说言：很棒，有趣
对事不对人	就事论事，不进行人身攻击，不责备
达成共识	协商意见，达成理解
……	

（2）小组角色分配

角色	任务
组长或主持人	领取工作单，主持小组讨论，决定发言次序，认真参与讨论
记录员	记录讨论结果，认真参与讨论
观察员	利用合作行为观察表观察记录，维持小组纪律，认真参与讨论
发言员	代表小组发言，认真参与讨论
记时员	提醒讨论的时间，认真参与讨论
检查员	确定每个人都学会了吗，指定组员说明答案，认真参与讨论
……	

活动三　小组讨论

（一）活动目标

讨论合作学习方法的优点和缺点，并尝试用合作学习的方法设计一节完整的课例。

（二）材料准备

大白纸、马克笔、彩色圆贴、胶带、吸铁石、铅笔。

（三）建议时间

60 分钟。

（四）活动规则

- 每位成员应当积极参与；
- 做好自己的角色工作；
- 热情帮助组员；
- 认真倾听；
- 积极评价。

（五）活动过程

1. 分组

按照学科和年级将学员分组。

2. 进行组内讨论

选择一种合作学习的方法，列举其优点。组内的成员需要进行角色分工（组长、发言员、记录员、计时员……），并确定一项教学内容，开展合作学习的教学设计。

工作纸 4-1

选择一种合作学习方法：	选择的理由：
	(1)
	(2)
	(3)
	……
合作学习的教学设计：	支持条件：
(1)	(1)
(2)	(2)
(3)	(3)
……	……

3. 组间分享教学设计

每组选出一名代表发言,每组发言限时 5 分钟。

课堂实录4-1

第一组:

选择合作方法:小组游戏竞赛法。

理由:

1. 结合低年级学生身心发展特点;

2. 激发学生的学习兴趣;

3. 使识字的方法更加多元化。

教学设计:《坐井观天》

生字教学:

1. 九个生字;

2. (每个成员)组长协调;

3. 叫号游戏。

朗读教学:对话、确定角色、小组表扬、其他组表扬。

支持条件:

1. 头饰;

2. 识字卡片;

3. 评分表(语气语调、动作)。

第二组:

选择的合作方法:小组成就区分法。

选择的理由:

1. 易操作;

2. 适用性强,符合低年级学生的认知能力;

3. 节约时间,提高课堂的效率。

合作学习的教学设计:《小白兔与小灰兔》

1. 激发兴趣,结识课题;

2. 初读课文,学习生字;

> 3. 朗读课文,感受内容。
>
> 小组讨论:
>
> 1. 小白兔与小灰兔拿的东西有什么不同?
>
> 2. 你喜欢谁?为什么?
>
> 支持条件:
>
> 1. 头饰;
>
> 2. 识字卡片;
>
> 3. 侧重朗读(小组、男女、师生)。
>
> 朗读课文重在激发兴趣,揭示课文,学习生字(制作头饰,识字卡片)。
>
> 个人评价应与小组测试结合起来;要有评价表和考评表;对小组成员的表扬,需要加入环节中。
>
> ……

4. 重构教学设计

每个小组结合其他小组的分享,进行反思性讨论,并且重构教学设计。

活动四 总结与反馈

(一) 活动目标

总结提升、后续安排、活动反馈。

(二) 材料准备

电脑、投影仪、讲稿、PPT。

(三) 建议时间

10 分钟。

(四) 讲解内容

1. 对本次理论培训和学员工作坊进行总结。

2. 后续工作安排。

3. 培训反馈与评估。

实践操作篇

一、学习目标

学习"拆拼制"（Jigsaw）的理论知识，熟练掌握"拆拼制"的教学方法。主要是对"拆拼制"教学的具体学习和应用。

二、活动时间

3 小时。

三、培训的内容结构

培训的内容主要包括"拆拼制"教学的概念、特点、发展、方法和应用。

四、单元活动流程

时间	主要流程	讨论主题	活动形式
10 分钟	开场介绍	介绍本次活动的主要目标、培训内容及后续安排	讲解
80 分钟	专题讲座	"拆拼制"教学的理论知识	讲解
15 分钟		休息茶歇	
60 分钟	工作坊	"拆拼制"教学工作坊	头脑风暴 讨论分享
15 分钟	总结 + 培训反馈	给学员布置实践任务;培训参与者作培训反馈	集中指导

五、资源核检表

资源	内容	是否完成 ☑
资源 1	拆拼制教学的阅读材料	☐
资源 2	电脑、PPT 课件、投影仪	☐
资源 3	写着组名的字牌及席卡	☐
资源 4	1 张 8 开白纸	☐
资源 5	反馈卡片(每位学员 1 张)	☐
资源 6	彩色的圆点贴	☐
资源 7	黑色马克笔每组 2 支	☐
资源 8	铅笔每人 1 支	☐
资源 9	胶带、吸铁石	☐

六、具体的活动过程

活动一　开场介绍

（一）活动目标

介绍该次活动的大致流程和方案。

（二）材料准备

电脑、投影仪、PPT。

（三）建议时间

10 分钟。

（四）活动流程

1. 简要介绍该次活动的流程及要求。

2. 阐明合作学习培训的主要目标。

3. 介绍"拆拼制"教学的背景以及在合作学习中的重要地位。

活动二　专题讲座

（一）活动目标

了解"拆拼制"教学的意义、"拆拼制"教学的发展以及方法。

（二）材料准备

"拆拼制"教学的阅读材料；

电脑、PPT 课件、投影仪。

（三）建议时间

80 分钟。

（四）讲解内容

1. 阅读材料

阅读《卡洛斯传奇》,初步体会"拆拼制"教学在课堂中运用的魅力。

2. 讲解阿伦森及其重影响实验。

3. 讲解拆拼课堂的历史、拆拼课堂与传统课堂的区别、拆拼课堂的意义。
4. 讲解"拆拼制"教学方法。

资料卡 4-12

拆拼制教学的方法

- 交错法。
- 切块拼接法,切块拼联法。
- 拼图式教学法(拼图式教学策略、拼图式教学模式),拼图式合作学习。
- 组合式学习,互补式学习,互补式教学。

5. 讲解拆拼制教学的各种变式。
（1）拆拼制原型（Original Jigsaw / Jigsaw I）

资料卡 4-13

拆拼制原型

1. 结成五六人的拆拼小组,各组成员在性别、种族和能力等方面要体现出多样性。
2. 给每个小组指定一名负责人,一开始此人应是小组中最成熟的学生。
3. 把一天的功课分成五六个片断。
4. 分配每个学生去学习一个片断,确保学生只直接接触他们自己的片断。
5. 给学生时间至少通读两遍自己负责的片断,熟悉这个片断,无需死记硬背。
6. 让一个学生联络各个拆拼小组中分到一样片断的其他学生,形成临时的"专家小组"。给这些专家小组的学生以时间去分析这个片断中的主要观点,并排演他们将对自己拆拼小组作的发言。

7. 把学生带回各自的拆拼小组。

8. 每个学生向小组介绍各自负责的片断,其他成员提出需要澄清的问题。

9. 教员在各组巡回,观察交流的过程。如果哪个组遇到麻烦,作适当干预。指导小组负责人去处理小组事务。

10. 在课时结束时,围绕材料进行一场小测验。

(Elliot Aronson, The Jigsaw Route to Learning and Liking, *Psychology Today*, Feb. 1975.)

(2) II 型拆拼制(Jigsaw II)

资料卡 4-14

II 型拆拼制

1. 学生结成异质学习小组或拆拼小组,每组 3—6 人,教员把学习任务切分成 3—6 份。

2. 小组中每个成员各自承担一份学习任务,给学生提供充分的时间研究和学习各自负责的部分。

3. 会同其他小组中负责同样学习任务的学生结成专家小组或准备小组,在专家小组中讨论共同的学习材料,并计划如何把这部分材料教授给各自学习小组的其他成员。

4. 学生们回到自己的学习小组,把自己学会的内容教授给其他成员,同时向其他同伴学习其余内容。

5. 围绕学习任务进行小测验,根据各人测验的情况评定学生的成绩。

(Robert E. Slavin, *Cooperative Learning: Theory, Research, and Practice*, Allyn and Bacon, 1995.)

（3）Ⅲ型拆拼制（Jigsaw Ⅲ）

资料卡 4-15

Ⅲ型拆拼制

1. 学生结成异质学习小组或拆拼小组，每组3—6人，教员把学习任务切分成3—6份。

2. 小组中每个成员各自承担一份学习任务，给学生提供充分的时间研究和学习各自负责的部分。

3. 会同其他小组中负责同样学习任务的学生结成专家小组或准备小组，在专家小组中讨论共同的学习材料，并计划如何把这部分材料教授给各自学习小组的其他成员。

4. 学生们回到自己的学习小组，把自己学会的内容教授给其他成员，同时向其他同伴学习其余内容。

5. 围绕学习任务进行小测验，学生进行单独测验，除计算个人得分外，还按"学生小组成绩计分制"（Student Teams-Achievement Divisions，STAD）的计分办法计算小组得分。得分高的小组和个人将在班组通讯上予以表彰。

（Alexander Gonzalez and M. Guerrero, *Jigsaw Teacher's Handbook*, Hollister Unified School District, 1983.）

（4）Ⅳ型拆拼制（Jigsaw Ⅳ）

资料卡 4-16

Ⅳ型拆拼制

1. 学生结成异质学习小组或拆拼小组，每组3—6人，教员把学习任务切分成3—6份。

2. 小组中每个成员各自承担一份学习任务，给学生提供充分的时间研究和学习各自负责的部分。

3. 会同其他小组中负责同样学习任务的学生结成专家小组或准备小组,在专家小组中讨论共同的学习材料,并计划如何把这部分材料教授给各自学习小组的其他成员。

4. 学生们回到自己的学习小组,把自己学会的内容教授给其他成员,同时向其他同伴学习其余内容。

5. 围绕学习任务进行合伙测试(Incorporating Quizzes)。

(Dwight C. Holliday, *The Development of Jigsaw IV in a Secondary Social Studies Classroom*, Paper Presented at the 78th National Council for the Social Studies Annual Conference, Anaheim, California, November, 1998.)

(5) V型拆拼制(Jigsaw V)

资料卡 4-17

V型拆拼制

1. 分工(拆)
2. 合作(拼)
3. 调查
4. 小组报告(拼)

(6) 逆向拆拼制(Reverse Jigsaw)

资料卡 4-18

逆向拆拼制

1. 学生结成3—5人混合小组,给各组每个成员提供一个独特模块,该模块包括一个带有问题的个案研究、一个复杂的问题或者一些别的提示。每个学生都推动自己所负责的议题或问题的小组讨论,并用笔记录下主要观点以及任何成果或决定。(5—15分钟)

2. 学生结成议题小组,以使所有推动和记录同一议题的学生聚在一起。在议题小组中,学生们分享各自混合小组讨论的亮点,并形成一份报告,识别出课堂或班级中共同的和有分歧的主题。准备一个可视记录和一份简短的口头发言提纲。各组最后的任务是选举一名报告人。(10—25 分钟)

3. 全班重新集合成一个大组,每位报告人作其议题的报告。紧接着,教员可以和全班学生作听取练习的报告以回顾或突出群体互动的动力学,或者对过程进行一次评价。

(Timothy Hedeen, The Reverse Jigsaw: A Process of Cooperative Learning and Discussion. *Teaching Sociology*, Vol. 31, No. 3, Jul., 2003.)

6. 讲授"拆拼制"的应用及教育效能。

资料卡 4-19

拆拼制的应用范围

(拆拼制)在小学发明,在中学使用,在大学受欢迎,在教师专业发展工作坊和社会培训中使用,包括阅读、外语、双语、历史、社会科、统计学、性教育、职业伦理、民主政治等教学领域。

7. 讲述"拆拼制"教学实践案例如何操作和进行?如何分组?小组的任务如何分配?小组成员如何回报?

资料卡 4-20

拆拼制的应用条件

- 学习任务繁重或有难度;
- 学生在特定时间内难以独立完成;

- 学习任务可以分解成若干个部分；
- 具有合作学习目标；
- 具有可拆可拼的课堂结构；
- 具有适当的指导和提示；
……

资料卡 4-21

拆拼制的教育效能

- 增进相互依赖，缓解族群对立和学业竞争；
- 培养合作意识和技能；
- 增强人际吸引力；
- 提升自我尊重感；
- 增强对学校和班级的好感，减少旷课现象；
- 提高学业成绩；
- 促进全体学生主动参与；
- 促进教学公平；
……

活动三 "拆拼制"教学工作坊

（一）活动目标

通过实践操作让教师亲身感受"拆拼制"教学的魅力，体会"拆拼制"教学在合作学习中的运用。

（二）材料准备

"阿伦森及其重影响的实验"阅读材料、电脑、PPT课件、投影仪、分组的席卡。

（三）建议时间

60 分钟。

(四) 活动过程

1. 分组

按照一定的标准将所有学员分成组。组内成员分工负责承担一个任务,并完成规定内的任务。

2. 分工——拆

将研读同一个实验的学员重新组合成一组。重新分组后的学员共同讨论研读的内容,并完成相关任务。

3. 合作——拼

每一位学员重新回到第一次划分的小组内,并与其他组内成员分享自己的收获以及与别人讨论的结果。

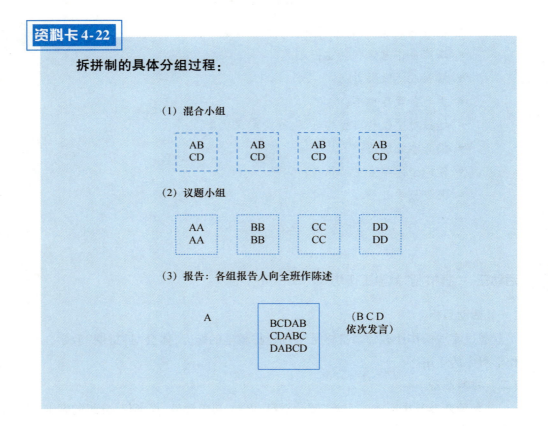

资料卡 4-22

拆拼制的具体分组过程:

(1) 混合小组

| AB CD | AB CD | AB CD | AB CD |

(2) 议题小组

| AA AA | BB BB | CC CC | DD DD |

(3) 报告:各组报告人向全班作陈述

A BCDAB CDABC DABCD (BCD 依次发言)

4. 小组报告——拼

每一个组内选出一名汇报人员，向其他组或成员汇报结果。

5. 完成课堂测验

用书面形式表达阿伦森的重影响实验对教育工作的启发。

资料卡 4-23

阿伦森及其重影响实验

1. 入门考验实验　　2. 撒谎实验　　3. 社会敏感性实验

4. 自我说服实验　　5. 失态效应实验　　6. 人际吸引力实验

资料卡 4-24

入门考验实验

正是在选修费斯廷格的社会心理课程时，阿伦森读到了这位才华横溢的年轻学者尚未出版的《认知失调理论》一书的手稿。书中提出了一个长久影响到后来社会心理学研究的假设：如果人们持有两种不一致的认知，就会有失调的感觉。这种失调会驱使人们尽力改变其中一种认知，以达成自身认知的和谐一致。

阿伦森被这个假设深深吸引住了。在认知失调理论指导下，1957年他做了一个十分有趣的实验。他对外宣称要征集几组女大学生进行几场有关性心理的讨论。接着他逐个告诉那些应召而来的大学生，他在做一个有关群体动力学的社会心理学实验，具体的讨论内容对于实验而言并不重要，选择性的话题纯粹是为了吸引更多的志愿者来做被试。他还特别说明："害羞的学生在群体情境中特别不敢谈论性话题，而任何阻碍讨论顺利进行的因素都可能导致研究结果无效，我得知道你能否在小组讨论中无所顾忌的谈论性话题。"听到这里,每个学生都表示没问题。有些学生作出这种表示之后,阿伦森马上接收她们为被试,把她们分配到无入门考验组。另外一些被试则被分配到重度考验组和轻度考验组。阿伦森对她们说,为了绝对保证每个被试都能对性话题畅所欲言,还得增加一个筛选环节,要求她们参加一个有关难堪程度的测试。在重度考验组,阿伦森要求被试给他背诵12个诸如"操"和"吹箫"之类极其淫秽的词汇,还让她们当着他的面朗读《查泰莱夫人的情人》中两段十分露骨的色情描写。轻度考验组里的被试,只需要向阿伦森背诵一些与性有关但不带淫秽色彩的词汇。

接下来,每个被试都听了同一段有关性行为讨论的录音。这段录音是阿伦森自己炮制的,进展缓慢,枯燥乏味,冗长而混乱。录音里有个家伙在结结巴巴地咕哝,说他还没有阅读一份有关某种稀有鸟类求偶方式的必读材料……被试听完录音之后,阿伦森要求她们从多个维度对这场小组讨论及小组成员的表现进行评价,如:小组对她们的吸引程度如何?小组成员的才智和口才如何?结果显示:那些受到刁难最多、经受住重度入门考验的被试认为小组讨论相当有趣;而那些没有经历入门考验或只是受到轻度入门考验的被试则实事求是,认为小组讨论枯燥乏味,甚至有人忍受不了如此冗长无趣的讨论,要求中途退出实验。与那些为了成为群体成员付出较少时间和精力的人相比,经历过不愉快的加入仪式的人对所在的群体更加喜欢。这项实验印证了阿伦森的一个假设:人们如果经历千辛万苦得到某物,就会越加珍惜它。这是阿伦森做的第一个实验研究,也是认知失调理论的一个经典实验。

活动四　总结与反馈

（一）活动目标

总结提升、后续安排。

（二）材料准备

电脑、投影仪、PPT 展示。

（三）建议时间

15 分钟。

（四）讲解内容

1. 对拆拼制教学方法的理论知识和实践操作方法进行总结。

2. 对拆拼制的实践操作给出指导建议。

3. 后续安排。

4. 培训评估与反馈。

视频分析篇

学员通过课堂教学运用合作学习的方法，分享和讨论教学中存在的问题以及解决的方法，提高学员在课堂教学中运用合作学习的能力。

3 小时。

三、培训的内容结构

培训的主要内容包括师生合作、生生合作、组内合作和组间合作等。

四、单元活动流程

时间	主要流程	讨论主题	活动形式
10 分钟	介绍 + 分组	介绍本次活动的主要目标、培训内容。热身、分组	讲解
70 分钟	视频分析完整的课例	该节课在运用合作学习方法上的优点 该节课合作学习中出现的问题与不足 产生这些问题的原因是什么	头脑风暴 讨论分享
10 分钟	休息茶歇		
60 分钟	专题视频分析	师生合作 生生合作 组间合作 组内合作	集中指导
10 分钟	总结	总结培训成果	集中指导
10 分钟	后续工作安排	布置实践任务 培训反馈	集中指导

五、资源核检表

资源	内容	是否完成
资源1	《参与式教学300问》(合作式学习)	☐
资源2	完整的视频课例	☐
资源3	写着不同组名的纸条	☐
资源4	1张8开白纸,黑色马克笔每组2支,铅笔每人1支	☐
资源5	反馈卡片(每位学员1张)	☐
资源6	分类整理的视频	☐
资源7	不同颜色的贴点、五角星等	☐
资源8	电脑、投影仪、PPT课件	☐
资源9	音箱或其他扩音设备	☐

六、具体的活动过程

活动一　开场介绍

（一）活动目标

回顾上次合作式学习培训的重点内容,介绍该次活动的流程和具体内容。

（二）材料准备

电脑、投影仪、PPT课件。

（三）建议时间

10分钟。

（四）活动过程

1. 将学员按照学科、年级进行分组。

2. 对上期合作学习培训进行总体简要回顾。

3. 阐明该次"合作式学习"视频分析的主要目标,交代培训的主要计划及对参与学员的要求。

活动二　分析完整的视频课例

（一）活动目标

通过课堂教学运用合作学习的方法，发现合作学习在运用中出现的问题并尝试去解决。尝试分析合作学习中的优点及解决合作学习过程中出现的问题。

（二）材料准备

大白纸、马克笔、彩色圆贴、铅笔、胶带。

（三）建议时间

80 分钟。

（四）活动过程

1. 观看完整的课堂教学视频
- 找出该节课在合作学习的运用中的优点；
- 找出该节课在合作学习方法运用中需改进的地方；
- 对该节课提出重构建议。

2. 组间分享

每组选代表发言，向其他小组汇报小组讨论结果，进行组间分享。（代表发言的时间需要作一些设定）

活动三　专题分析

（一）活动目标

进行视频案例分析，掌握课堂有效合作的方法与技巧。

（二）材料准备

PPT、铅笔、A4 白纸。

（三）建议时间

80 分钟。

（四）活动过程

分析视频的总体情况：

1. 师生合作分析。
2. 生生合作分析。

3. 组内合作分析。

4. 组间合作分析。

活动四 讲解总结

（一）活动目标

总结提升、理论讲解、后续安排。

（二）材料准备

电脑、PPT课件、投影仪。

（三）建议时间

10分钟。

（四）讲解内容

1. 对本次教师工作坊的活动进行总结。

2. 后续工作安排。

3. 培训反馈与评估。

附：合作学习核检表

合作学习——学生自我核检表（学生用）

教学单元		核检日期			
班级		姓名			
核检项目	时时有	经常有	普通	不常有	常没有
我会多发言					
我会鼓励别人					
我会专心聆听					
我会协助同学					
我会遵守规矩					
我对工作尽责					
我的学习态度认真					
我能理解课程内容					
我能赞美别人的优点					
我能检讨自己的缺失并加以改进					

合作学习——学生核检表（教师用）

教学单元		核检日期				
班级		姓名				
核检项目	时时有	经常有	普通	不常有	常没有
学生会多发言					
学生会鼓励别人					
学生会专心聆听					
学生会协助同学					
学生会遵守规矩					
学生会对工作尽责					
学生的学习态度认真					
学生能理解课程内容					
学生能赞美别人的优点					
我能检讨自己的缺失并加以改进					

合作学习——教师自我核检表

（教学核检的内容应该根据教学活动来制定）

教学活动	已实施	尚未实现	备注说明
1. 制订教学目标			
2. 制订合作学习目标			
3. 决定分组人数			
4. 实施异质分组			
5. 安排成员角色			
6. 解释教学目标			
7. 讲解合作技巧目标			
8. 建构小组组员积极的互赖关系			
9. 激发个人的责任心			
10. 建构小组与小组的合作关系			
11. 解释成功的标准			
12. 观察学生的行为			
13. 指导学生的讨论			
14. 提供作业协助			

(续表)

教学活动	已实施	尚未实现	备注说明
15. 鼓励学生发言			
16. 设计多元的学习方式			
17. 作出结论			
18. 个人表扬			
19. 小组表扬			
20. 团体表扬			

第五单元　教育戏剧

> 游戏是最让人愉悦的调查表。
>
> ——爱因斯坦
>
> 我们发现了儿童有创造力，认识了儿童有创造力，就须进一步把儿童的创造力解放出来。
>
> ——陶行知

第五单元 教育戏剧

单元导读

本单元主要从戏剧的教育方法着手，引导教师了解教育戏剧，并通过教育戏剧掌握一些教学方法，并尝试将这一教学方法运用到课堂教学之中，进而激发学生的学习兴趣和求知欲。

本单元学习内容主要为教育戏剧的理论知识和实践操作。培训的主要形式是讲解、头脑风暴、小组讨论分享、问答、游戏、角色扮演等。

理论知识篇

学员学习教育戏剧的相关理论知识，对教育戏剧有初步了解，并逐步对教育戏剧产生浓厚的兴趣，为后面教育戏剧的实践提供理论基础。

3 小时。

培训的主要内容包括教育剧本、演员、表演空间和观众等。

四、单元活动流程

时间	主要流程	讨论主题	活动形式
10 分钟	开场介绍	介绍本次活动的主要目标、培训内容及后续安排	讲解
60 分钟	专题讲座	认识教育戏剧——戏剧教育在儿童素质教育中的功用	讨论交流 讲解
10 分钟		休息茶歇	
90 分钟	专题讲座	教育戏剧的基础知识	讨论交流 讲解
10 分钟	总结 + 培训反馈	给学员布置实践任务；培训参与者作培训反馈	集中指导

五、资源核检表

资源	内容	是否完成 ✓
资源 1	《参与式教学 300 问》（教育戏剧）	☐
资源 2	电脑、PPT 课件、投影仪	☐
资源 3	写着组名的字牌	☐
资源 4	1 张 8 开白纸	☐
资源 5	反馈卡片（每位学员 1 张）	☐
资源 6	彩色的圆点贴	☐
资源 7	黑色马克笔每组 2 支	☐
资源 8	铅笔每人 1 支	☐
资源 9	胶带、吸铁石	☐

六、具体的活动过程

活动一　开场介绍

（一）活动目标

回顾参与式教学的活动内容，并介绍教育戏剧的教学方法，向学员介绍如何将教育戏剧纳入到培训和教学中来，培养学员的学习兴趣。

（二）材料准备

PPT课件、电脑、投影仪。

（三）建议时间

10分钟。

（四）活动过程

1. 介绍"参与式教学"的进展情况以及简单回顾前几次培训的内容。
2. 阐明教育戏剧培训的主要目标。
3. 交代该次培训的计划以及学员需要完成的任务要求。

活动二　专题介绍

《认识教育戏剧——戏剧教育在儿童素质教育中的功用》

（一）活动目标

理解教育戏剧的功用，增加课堂的活泼度。

（二）材料准备

PPT课件、电脑、投影仪、教育戏剧的阅读材料。

（三）建议时间

60分钟。

（四）讲解内容

1. 教育戏剧的概念

教育戏剧（Drama in Education）是指把戏剧元素应用于教学等戏剧活动，以促进学生的成长和全面发展。

> **资料卡 5-1**
>
> **相关概念了解**
>
> 教育戏剧(Drama in Education):以戏剧的元素和基本方法应用于普通教育和社会教育;其注重的是普遍的素质培育、智力开发,以应用戏剧方法的教育"过程"为目标。
>
> 教育剧场(Theatre in Education):把剧场演出剧目应用于教学等戏剧活动。
>
> 创作性戏剧(Creative Drama):应用戏剧方法于课堂教学及教育活动。
>
> 大戏剧观念:包括舞台戏剧和应用戏剧。
>
> 戏剧教育:以舞台戏剧的历史发展、戏剧知识、艺术技巧、赏析评论等进行两方面的教育;其注重的是专业才艺培训,以戏剧最后呈现于舞台的"结果"为目标。
>
> 教育戏剧的内容包括:
>
> 1. 戏剧的专才培育(精英教育)。
> 2. 戏剧的普及赏析(通识教育)。
> 3. 戏剧的社会应用(社会教育)。

2. 发展历程

> **资料卡 5-2**
>
> **教育戏剧的发展历程**
>
> 教育戏剧是以卢梭的"自然主义教育"、杜威的"做中学"、麦恩斯(Hughes Mearns)的"创造力教学"为理论基础,与戏剧理论和实践跨学科结合逐渐形成的新学科。其发展受以下因素影响:
>
> 1. 20世纪30年代前后布莱希特戏剧理论的影响;
> 2. 二战后社会思潮的推动下现代戏剧发展的影响;
> 3. 20世纪六七十年代实验戏剧、民众戏剧发展高潮的影响;
> 4. 20世纪八九十年代后独立、成熟发展,广泛进入普通教育和民众、社区领域。

3. 教育戏剧的来源以及理念

培训师将材料提前交给学员阅读,并以讲解的方式进行。教育戏剧方法在世界上已经发展了将近一个世纪,其基本理念来源于卢梭以尊重天性为教育的原则,也来源于杜威的儿童成长需要学校和社会的良好环境的培养,并尽可能在实践中发现和发展每个人的特长,使其适应于社会和谐需要的原则。

资料卡5-3

杜威的教育理念

- 教育是生活的需要;
- 教育即生长;
- 从做中学;
- 教育本身就是目的;
- 学校即社会等。

这些教育理念为教育性戏剧的发展奠定了理论基础。

资料卡5-4

被压迫者剧场(Theatre of the Oppressed)

被压迫者剧场由巴西戏剧家鲍尔(Augusto Boal)首创。其含义不仅指社会、政治、经济上的被压迫,还指思想上的被束缚、不解放等精神压力("脑子里的警察")。

鲍尔发展了一系列"想象的剧场练习"方法,引导个人意识到社会处境与局限、个人的态度,以及我们的思想、身体如何被传统所制约等等。鲍尔认为,传统剧场把观众作为被动接受者,而他要把他们变为主动的观演者,即从目击者转变为主角。

其方法首先是认识什么是被压迫者剧场、他的活动方法是怎样的。接着是一系列身体互动的游戏,通过游戏激发参与者的灵敏度、解放被束缚的身心,使他们变得积极主动、彼此信任、通力合作。然后是一些结构练习,如形象剧场、论坛剧场、欲望的彩虹等具体戏剧参与方式。他的许多方法现在已经被用在专业演员的训练上。

4. 教育戏剧的特点

培训师根据自己的思路引导参训的学员之间交流和讨论教育戏剧的特点,并进行细致讲授。教育戏剧(DIE\DTE)提供了良好的情境,利用戏剧是综合艺术的特点,把美感和美的欣赏提供给学生,使学生能经常接受形式、音乐和色彩带来的潜移默化的熏陶,揭示经验中意义的深度和广度,使审美的标准自然发展起来,从而影响学生的精神境界。

资料卡 5-5

教育戏剧的主要特点

1. 有一些目的明确的戏剧游戏;
2. 是一个短时间的、有完整戏剧情境的戏剧过程;
3. 有教师和学生所共知的特定目标,有事先设定的终止点,活动达到目标即可终止;
4. 戏剧教师具体指导,按预先设定的学习内容和戏剧程序进行活动,活动过程中可得出一定的答案;
5. 实施规则明确、表现方式易于为学生了解并实践;
6. 参与过程是一个高度专注的学习、创作过程;
7. 形式上容易让小组成员反复练习、演示;
8. 都设置必然达到的标准或学习效果,学生可以体验自己的创造;
9. 是一个通过戏剧活动解决问题的形式。

5. 教育戏剧基本方法

引导学员探讨教育戏剧活动的主要特点和实施技巧；引导学员分组讨论教育戏剧的方法。要求各组分别呈现自己的讨论结果，培训师记录下各组达成共识的想法。培训师结合学员讨论的结果进行讲解和总结。

资料卡 5-6

教育戏剧的主要方法

1. 热身游戏
2. 剧场游戏
3. 想象
4. 说故事
5. 角色扮演
6. 静止视像（定格）
7. 思路追踪
8. 坐针毡
9. 专家外衣
10. 论坛剧场

……

6. 教育戏剧的功用

资料卡 5-7

教育戏剧的个体功用

1. 可以使我们通向具有强度、意义和完满的经验

"在戏剧中学习"是在模拟的社会生活实践中，通过眼、耳、手、身体等全感官的协调运用，提高审美能力。

"做中学"使孩子能参与一个主动的、建设性的学习过程。只有自己动手,才能更深入地观察事物,拓展洞察力和想象力,在动作中养成细致观察生活的习惯,使经验得到扩展和深入,在实践中学习、在思考中成长。

2. 可以扩大我们的视野,赋予未来经验意义和价值

作为教育的根本立足点的生活、生长、实践及感情等,也正是艺术的特征。艺术与教育的共同基础是经验的改造与塑造,艺术为我们提供了洞察这个世界的资源,对发展知觉的敏感性和经验的丰富性做出了重大贡献。除了学习知识以外,很重要的就是人格养成,为世界观、价值观形成奠定基础。

3. 通过戏剧,可以使我们以综合的方式看待其他领域

戏剧是综合艺术,教育戏剧方法综合各门类艺术教育特点,使儿童在一定的戏剧情境中,通过角色扮演、即兴表演、重演社会生活来培养他们的理智和实践相结合的能力。

通过教育戏剧扩展儿童的兴趣,使他们在戏剧模拟的社会生活环境中把理论和实践结合起来,从而发展他们的个性,提高他们的能力。同时,使他们了解自己与社会、与自然的关系。其教育效果就是让孩子们身临其境地经历一种丰富而有意义的生活。

资料卡 5-8

教育戏剧的社会意义

戏剧通过改变人的生活态度促进个人价值在社会意义上的实现,从而促成一种民主的生活方式。教育性戏剧的实施,从个人到社群、再到整个社会层层递进,通过提升个人的经验,使之趋于完满、圆融、和谐,这是人与人之间沟通的根基。当每一个青少年经历了教育性戏剧的陶冶,通过经验的完善和更高层次的对生命的感知和价值的认同,而增进彼此之间的协调交流时,社会就会达到更高程度的和谐。而大环境的改善反过来又会成为青少年进一步提升自我意识和自我实现的有益助力。

社会改造的最终目标依然是指向人的解放和完善。社会制度的意义、目的并非是解放和发展个人的能力。教育性戏剧通过经验的塑造和改造教育，进而改造社会。戏剧就像其他艺术一样，依赖于一种共同的生活，并且对这种共同生活的理解深刻地决定了经验的共通性和交流价值。教育性戏剧是社会生活的参与者，是解决人的能力、塑造人的品性、增强社会创造力的必由之路。

资料卡 5-9

教育戏剧在儿童成长中的作用

1. 促进儿童的人格成长

良好的教育方式是青少年人格成长的重要因素。教育戏剧审美教育的目的是教会学生对生活和艺术作出恰当的反应，知道看什么和怎样看；养成学生对细微差异的感受能力，使他们能敏锐地感知事物的独特性质。

生活的意义、幸福的含义、生命的价值……都能在戏剧艺术中鲜明而强烈地体现。戏剧能够通过生动、具体的形象和事件表现一定的道德主题，戏剧的教育职能与戏剧本身同在。

2. 避免应试教育的危险

应试教育的危险在于破坏了儿童受教育必要的优良环境和条件，不利于儿童身心的正常发展，也就无法实现让每一个人都能在公平地发展自己的能力和满足自己需要的同时，又能成为一个和谐、合作的社会个体。通过戏剧实做、欣赏和批评培养人的知觉，让他们拥有丰富而敏锐的感受力、想象力和创造力，充分发挥自己的特长和兴趣，学会与别人相处，沟通、共同生活。个人的、独特的、戏剧性的行为和情境，道德的及审美的……一切活动都具有情感色彩。教育的一个重要层面就是对知觉的培养。鉴赏力和知觉上的敏感正是这样形成的。戏剧教育是使教育有价值的重要途径。

3. 配合儿童成长敏感期的教育

人格的养成，比单纯的知识灌输对于儿童来说更为重要。在孩子成长早

> 期，重要的是要科学地配合他们的身体、心理成长，养成一个好习惯、好素质、好性格。良好的习性一旦养成，将会使人的一生受益。因为习性会影响我们对待人和事物、学习能力和方式、面对世界的观念和方法等各个方面。

7. 教育戏剧的应用方向

学员分组探讨教育戏剧可以应用在哪些方面和哪些场合，培训师进行总结梳理、补充。

资料卡 5-10

教育戏剧的应用方向

1. 应用于学前教育

课堂教学；

幼儿故事剧场（从故事、绘本、四连图片、生活场景进入剧场）。

2. 应用于中小学普通教育

- 课堂教学（教育戏剧）DIE；
- 教育剧场 TIE；
- 戏剧工作坊：
- 戏剧片段工作坊；
- 故事剧工作坊；
- 主题戏剧工作坊；
- 学校课余戏剧活动：鞋带剧场（shows on a shoestring）课本剧、校园戏剧。

3. 应用于大学生选修课和课余戏剧活动：校园戏剧

4. 应用于民众戏剧

5. 应用于社区戏剧

6. 应用于特殊教育

7. 应用于戏剧治疗

8. 戏剧导师应具备的基本条件

培训师讲授戏剧导师应具备的条件有哪些？具体内容如下：

资料卡 5-11

戏剧导师应具备的基本条件

1. 热爱戏剧艺术、富于创意能力、勇于尝试新事物；
2. 接受过戏剧训练，了解不同的戏剧风格；
3. 了解剧场运作，善于引导学生在戏剧实践中接受戏剧教育和艺术熏陶；
4. 熟悉教育学，并了解教育对象，拥有爱心、耐心、平等之心；
5. 善于引导学生通过戏剧过程学习、反思、解决问题。

9. 小结

根据学员讨论的情况作总体反馈，并对这一活动作小结。

活动三　总结讲解

（一）活动目标

理论讲解、总结提升。

（二）材料准备

电脑、投影仪、PPT 课件。

（三）建议时间

10 分钟。

（四）活动过程

1. 对教育戏剧理论培训部分作出总结和提升。
2. 对学员的课堂教学提出要求和期望。
3. 后续工作安排。
4. 培训反馈与评估。

实践操作篇

 一、学习目标

通过学习教育戏剧实践操作,使学员能够将理论知识和实践操作结合起来。通过体验式教学,使学员学会使用教育戏剧工作坊的方法进行备课和教学。

 二、活动时间

3 小时。

三、培训的内容结构

教育戏剧的方法很多,包括情景模拟、角色扮演、即兴表演、故事接龙、动作定格、照镜子、坐针毡、专家外衣、编故事、新闻发布会等。

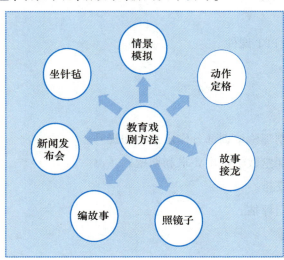

四、单元活动流程

时间	主要流程	讨论主题	活动形式
10 分钟	开场介绍	介绍本次活动的主要目标、培训内容及后续安排	讲解
80 分钟	工作坊	教育戏剧的现实模拟	讨论交流 讲解 游戏 角色扮演
20 分钟		休息茶歇	
60 分钟	工作坊	教育戏剧的实际操作	讨论交流 角色扮演 小组合作 集中指导
10 分钟	总结 + 培训反馈	给学员布置实践任务;培训参与者作培训反馈	集中指导

五、资源核检表

资源	内容	是否完成
资源 1	范围较大的场地或者空地	☐
资源 2	板凳或者可移动座椅	☐
资源 3	写着不同组名的纸条	☐
资源 4	8 开白纸每组 1 张	☐
资源 5	反馈卡片每位学员 1 页	☐
资源 6	黑色马克笔或者彩色画笔每组 2 支	☐
资源 7	铅笔每人 1 支	☐
资源 8	准备好的故事材料	☐
资源 9	音箱或其他扩音设备	☐

六、具体的活动过程

活动一　开场介绍

（一）活动目标

熟悉本次活动计划和安排。

（二）材料准备

电脑、投影仪、扩音器、PPT 课件。

（三）建议时间

10 分钟。

（四）活动过程

1. 介绍本次活动的具体流程和计划。
2. 介绍整个项目活动以及后续需要进行的活动安排。
3. 在本次活动中对学员提出相关要求。

活动二　情景模拟

（一）活动目标

理解和体会不同历史时期教育戏剧的变化；提高学员的观察力、想象力和表现力。

（二）材料准备

范围较大的场地。

（三）建议时间

20 分钟。

（四）活动过程

情景模拟一：

现场请出两位学员。一位站在场地的左边，一位站在场地的右边，两位学员进行对视。培训师击掌之后两个人相视而行，然后互换场地位置。培训师分别在两位学员身边低声耳语，培训师击掌之后，两位学员再次相向而行。

培训师提问:"给予一定的指令后,两位学员行走与没有指令时的行走有什么区别?"剩下的学员(观众)看他们之间是否有什么故事发生?

学员们之间展开丰富的联想并分享给其他参与培训的学员。

情景模拟二:

请出现场的一位学员,这位学员沿着场地的前方行走一圈停止。当扮演的这位学员停止时,培训师走到学员中间,询问大家这位学员穿什么裤子(颜色、样式等)比较合适?讨论结束以后,现场请出几位学员进行角色扮演,请学员(观众)将不太适合的衣服推销给行走的学员。

培训师总结:第一段角色扮演只是局限于演员之间的互动,而后面一段角色扮演中的观众既是演员也是观众,这称作:论坛戏剧,具有广泛的应用性。教师需要吸引学生的注意力,包括扮演和言行。在课堂教学中,教师和学生可以就某一个知识点进行互动。

活动三 动作定格

(一) 活动目标

动作定格(Still Image),又称静止视像,是运用形体动作构成定格的"塑像",以表达一个时刻、意念或主题。创作两个定格,可以比较对立的两个概念的不同。精心挑选定格的一刻,可透过形体影像将意义具体化,是教学中经济而有节制的表达模式,同时也是可被参与者观察及解读的表达信息的符号,比利用文字表达更直观、明了、灵活、简易,利于参与者创造、观察、分析、反思。

通过对动作定格的模拟,使教学中较难理解的词汇通俗易懂,从而达到更好的学习效果。

(二) 材料准备

范围较大的场地。

(三) 建议时间

20 分钟。

(四) 活动过程

通过不同的词语对"看"进行比较,或者让学生一起讨论并摆出一个造型,让学生理解看的方式。

定格一：

创造一个办公室情景。

一个学员扮演孕妇，其他学员定格一个动作，但注意力都在孕妇身上。通过不同人的动作来表现出不同内容的"看"。

定格二：

创造公园里面的情景。

公园里面，每个在公园游玩的人摆出不同的动作，并告诉大家自己是在干什么。一个人是在欣赏花；另一个人在打羽毛球；还有一个人是在拍照；一个人在带孩子游玩并注视自己的孩子；还有一个人在观赏池塘的鱼。这时突然有一个人高呼："注意小偷。"

大家立即反应出不同的"看"的动作。

活动四　故事接龙

（一）活动目标

故事接龙（Storytelling），是以既有的故事或创作的故事引发，激励想象，建构属于自己的戏剧故事。故事接龙以物体、声音、身体动作与头脑思考结合起来的创造性活动，激发参与者的经验与想象。通过活动，训练语言和结构、逻辑发展、组织表达能力；通过故事的编写，培养学生的想象力和创造力以及写作能力。

（二）材料准备

准备好的故事材料。

（三）建议时间

10 分钟。

（四）活动过程

培训师与学员一起创造故事。

培训师将凳子围成圆形，学员坐在凳子上，培训师设定好故事的开头部分。例如，"我在马路边捡到一分钱，交给警察叔叔的手里面……"学员进行后面的内容扩写，每人一句。每一位学员编写的内容必须在前一位学员编写的基础上进行。

培训师点评：在现场学员的创作中出现了可突破的两个点："捡到的钱是花掉还是不花"；"这是一个漂流瓶"。

活动五 照镜子

（一）活动目标

反思平时教学和生活中出现的问题,并找出原因。

（二）材料准备

范围较大的场地。

（三）建议时间

10分钟。

（四）活动过程

例如,打招呼。

学员们围成一个圈,相互之间以不同的方式打招呼。培训师在圈外发号施令：使用肢体语言打招呼。打招呼的两位学员必须是以照镜子的方式进行。每一个人的动作不能重复。然后,学员之间进行交流,分享感受。之后,培训师对学员进行提问：你认为温暖的语言是什么样的？你觉得用什么样的动作打招呼比较好？你最不喜欢的打招呼方式是什么？最后,培训者点评：这个游戏的重要意义在于让那些平时在学校让教师头疼的学生找出产生摩擦或者打架的原因。

活动六 编故事

（一）活动目标

利用固定句式的形式编写故事,培养学员的想象力和写作能力。

（二）材料准备

板凳或者可以移动的凳子。

（三）建议时间

20分钟。

（四）活动过程

使用拍手打节奏的方式进行。例如,可以将句式定为"什么里面有什么？"参与培训的学员回答完问题之后进行问题的续写。用这样的方式可以教会学生怎样去写作文,用编故事的方式打开学生的想象力。

活动七　新闻发布会

（一）活动目标

通过剧本的创作，培养学员的想象力和创造力，并以新闻发布会的形式培养学员的表达能力。

（二）材料准备

大白纸、马克笔或者彩笔、话筒以及音箱设备等。

（三）建议时间

40分钟。

（四）活动过程

例如，你是电台的DJ，举办一个新闻发布会的活动，你该怎样去组织？主持人可能是作家、出版商、编剧。手上有电影、小说、话剧。

培训师将学员分为5组，选一个主题。主题可能是在教学中遇到的课文、教学问题等。将课文延伸出来的问题，变成电影或者小说来做，向在座的记者展示。

制作组介绍各个项目。展示的内容包括：什么时候上映？什么启发你写这部小说？在创作的时候发现什么困难？

学员分组按照主题进行剧本创作。创作完成以后，每组选出代表进行分享或者说出感受。

> **课堂实录5-1**
>
> 第一组:《交通安全记心上》
>
> 第二组:《狮子与山羊》
>
> 第三组:《来自地球的爱》
>
> 第四组:《官锁于妈》
>
> 第五组:《学堂乐歌》
>
> 第六组:《和平的钓鱼岛》

培训师点评：在创作和展示的环节中，每个人都在发挥自己的想象力，非常具有说服力。在课堂教学中要把学生由观众的视角拉出来，使学生既是观众也是演员,打破空间、观演关系。

活动八 坐针毡(热凳子)

(一) 活动目标

坐针毡(Hot-Seating),又称焦点人物或热凳子,主持人把即兴演出按预先设定的计划,随时叫停成"定格"画面,根据所设内容释放出戏剧人物坐在"热板凳"上成为焦点访谈人物,参与者以自己或角色身份质询或访问这个焦点人物,焦点人物以角色身份回答提问。让学员学会质疑和提问,并通过提问和回答培养学员的创造性以及其他思维品质。

(二) 材料准备

准备好的故事材料、一个板凳或者凳子。

(三) 建议时间

20 分钟。

(四) 活动过程

例如,六年级上册语文教学中的《生命的林子》。培训师通过坐针毡的方式让学员揣摩及感受玄奘对于人生的感悟。同时,指定一位学员上讲台坐针毡,扮演年长的玄奘。其余学员向玄奘这一角色进行发问,培训师将学员们提出的问题罗列如下:

1. 玄奘,法门寺是一座怎样的寺庙?
2. 你一开始为何想要离开法门寺?
3. 那你后来离开了吗?你为什么没有离开呢?
4. 方丈的话给了你什么启示?
5. 你是如何成为一代名僧的?你现在最大的感悟是什么?
6. 如果你现在碰到以前的方丈,你想和他说些什么?

……

培训师总结:大多数学员将问题集中在是什么、为什么、怎么办以及一些假设性的问题上,开放性不够。需要多提出一些建设性以及有意义的问题。所以尝试让学生从不同的角度进行提问,只有高质量的问题才能激发坐针毡者有智慧的应答。

> **资料卡 5-13**
>
> ## 坐 针 毡
>
> 坐针毡是以小组为单位，组员从角色所处背景、行为表现和动机等方面向某一角色提出问题，角色接受参与者质询和访问，也叫焦点访谈。
>
> 这一方法可以应用于戏剧教学、戏剧排演或者分析表演，可以使参与者集中观察角色人物的行为动机、性格倾向，思考人物态度与事件之间的关系，观察事件的发展如何影响人物的态度，深化理解主题，启发对人类行为的反思。没有准备的情况下，这是一种非常棒的充实行为角色的方式。角色扮演者可以个人、双人或者小组等多种形式坐针毡。这一方法对于发展其余参与者的提问技巧有很大效用。
>
> 开展"坐针毡"需要注意的问题：
>
> 1. 把握时机
>
> 在教学过程中，教师可以把握不同的时机开展坐针毡活动，以达到不同的教学效果。
>
> 2. 适时指导，创造发问
>
> 学会质疑与提问是坐针毡这一方法最为关键的技能，而通过提问与回答常常能够反映学生的思维过程以及其创造性思维品质。教师需要发挥作用，指导学生提出建设性、有意义的问题，让学生学会从不同的角度提问，只有有质量的问题才能使坐针毡达到更好的效果。（冯靓琰：《教育戏剧在小学高年级语文阅读教学中的应用研究》，华东师范大学 2013 年硕士学位论文。）

活动四　总结提升

（一）活动目标

理论总结、注意事项、后续安排。

（二）建议时间

10 分钟。

（三）活动过程

1. 对教育戏剧工作坊的活动内容进行总结。
2. 回顾教育戏剧工作坊的方法及要注意的事项。
3. 后续工作安排。
4. 培训反馈与评估。

下 篇

参与式教学300问

第六单元 《儿童权利公约》60问

问题1：《儿童权利公约》(Convention on the Rights of the Child)是哪个组织颁布的？

联合国教科文组织。

问题2：《儿童权利公约》是哪一年开始生效的？

1989年11月20日第44届联合国大会以第25号决议通过；1990年9月2日正式生效。

问题3：目前有多少个国家参与了《儿童权利公约》？

全世界已有194个国家批准加入《儿童权利公约》，目前尚未加入该公约的国家只有美国。《儿童权利公约》是联合国历史上加入国家最多的国际公约。

问题4：谁是《儿童权利公约》的起草人？

艾格兰泰恩·杰布(Eglantyne Jebb)女士。

问题5：《儿童权利公约》是如何制定的？

艾格兰泰恩·杰布女士是英国救助儿童会的创建者，她在提高儿童权利方面的工作在全世界范围内产生了深远影响。她坚定地认为所有国家应该联合起来，保护儿童并提高他们的生活质量。1923年，她起草了一份《儿童宪章》并在国际上大力推广这一理念。

六十多年后，联合国开始考虑制定一份《儿童权利公约》。直到1989年，除了美国和索马里以外的所有联合国成员，都签署认可了《儿童权利公约》，这一公约反映了艾格兰泰恩·杰布女士起草的《儿童宪章》的初衷。

问题6：中国政府是否加入《儿童权利公约》？

中国于1991年12月29日批准加入《儿童权利公约》。同时声明，中国将在符合其《宪法》第 25 条关于计划生育的规定的前提下,并据《未成年人保护法》第 2 条的规定,履行公约第 6 条所规定的义务。

问题 7:《儿童权利公约》的作用有哪些?

《儿童权利公约》的作用很多,体现在许多方面:

《儿童权利公约》在各国的整个社会中具有实质性的效力,因此为制定儿童议程提供了一个道义上以及法律上的框架,同时,也为权利进步情况的评估提供了依据。

《儿童权利公约》不仅为各国政府在保护儿童方面,确立了卫生保健、教育、法律和社会服务等方面所必须达到的最低标准和基本行为准则,同时,它还是一部各国保护儿童的标准性的国际法律文书。

《儿童权利公约》赋予了所有儿童生存的权利,免受危害的权利,充分发展体能、智能的权利,以及参与各项家庭、文化、社会生活的权利。确认了世界上每一个儿童都应平等地享受生命权、生存权、发展权。

问题 8:《儿童权利公约》制定的标准是如何确定的?

《儿童权利公约》的标准是由各国政府、非政府组织、儿童发展专家、人权倡导者、律师、健康专家、社会工作者、教育学家以及宗教领导通过 10 年的协商讨论共同确定的,它充分考虑了儿童的保护与协调发展中极为重要的传统价值观和文化观。

问题 9:儿童参与权的参与程度如何衡量?

第一层,完全受摆布的:儿童所说的和所做的完全按照成人的意思而行,自己对问题完全不明所以。有时成年人会问儿童的想法,也听从儿童部分意见,但从不告诉儿童其意见对决定有何影响。

第二层,装饰门面似的:儿童有机会参与一些事务,譬如在一些社区活动中唱歌、跳舞,或穿上有标语的汗衫参与宣传,但儿童并不真正明白问题所在。

第三层,象征性的:儿童被问及他们对某些问题的看法,但对于表达的方式和可以表达的范围,他们很少有选择权或根本没有选择权。

第四层,分配责任,但事先通知的:成年人决定了计划后,让儿童自愿参与。儿童明白计划的意义。自行决定自己是否应该参与,并清楚成年人为何尊重他们的看法。

第五层,咨询及获知的:计划是成年人设计及推行的,但应征询儿童的意见。儿童对程序完全明白,他们的意见获得重视。

第六层,成年人引发的,与儿童共同作决定:成年人出主意,但儿童在筹划及实施的每一个程序都能参与。他们的意见不仅获得考虑,而且能够参与决定。

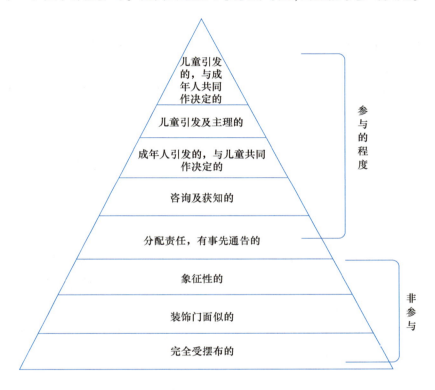

第七层,儿童引发及主理的:儿童出主意,并决定计划如何执行。成年人可提供帮助,但不负责主理。

第八层,儿童引发的,与成年人共同决定的:儿童出主意,制订计划,邀请成年人提供意见、讨论及支持。成年人并不主事,只提供专业的知识让儿童参考。

由上图可以看出,越靠近塔尖的地方,儿童的参与程度越高。象征性的、装饰门面似的、完全受摆布的参与属于非参与。教育者或父母应该尽量让儿童对有关自己的事项达到最大程度的参与,使儿童在参与过程中不断认识和提高自己处理各种问题的能力,逐渐成为一个在个性、才智和身心等方面充分发展的健康的人。

问题 10：《儿童权利公约》的框架结构是什么样的？

《儿童权利公约》由 54 条组成,分为四个部分:

第一部分:序言部分,指出了《儿童权利公约》产生的背景;

第二部分:实质性条款(1—41 条),涉及儿童最基本需求的权利;

第三部分:程序性条款(42—45 条),介绍联合国儿童权利委员会这个儿童权利监督检查机构的组成、职责和任期以及儿童权利委员会同联合国其他机构及各缔约国的关系。

第四部分:最后条款(46—54 条),介绍《儿童权利公约》的签署、批准、加入、生效;修正案的提出和某些条款的保留、推出等其他方面的内容。

问题 11：《儿童权利公约》的四项基本原则是什么？

儿童最大利益原则;尊重儿童基本权利原则;无歧视原则;尊重儿童观点的原则。

问题 12：《儿童权利公约》以何种形式保护儿童？

它在保护儿童权利的进程中,提供了一个对儿童权利进步情况进行评估和结果比较的统一范文。一旦同意遵守《儿童权利公约》的各项准则,各国政府就有义务使其立法、政策和措施与《儿童权利公约》的准则相一致,并把准则融合到儿童的现实生活中去,绝对禁止任何有可能阻止儿童享有这些权利或是侵犯这些儿童权利的行为。要求各国政府向儿童权利委员会定期汇报其在达成各项儿童权利方面的进展情况,儿童权利委员会由独立的专家组成。

问题 13：《儿童权利公约》对儿童提出了哪些新展望？

《儿童权利公约》为各国提供了一套完整的普遍准则,各国必须坚持这些准则。它反映了儿童权利的新景象,儿童既不是父母的私有财产,亦非慈善机构的帮助对象,他们是人类的一部分,是自己权利的主人。

《儿童权利公约》为儿童作为独立的个体,家庭和社区的一分子开拓了新景象,他们具有与其年龄和发展阶段相符的权利和义务。《儿童权利公约》使儿童的权利拥有法律的保障。儿童已不再是被动的受益者,而是权利的主体和持有者。

问题 14：缔约国对《儿童权利公约》的执行情况是怎样的？

对《儿童权利公约》的执行情况主要表现在各国提交报告及联合国儿童权利委员会对报告的审议方面。根据《儿童权利公约》的规定,缔约国应该在《儿童权利公约》对其生效后两年提交执行《儿童权利公约》情况的首次报告,此后每五年提交一次定期报告。各国在报告中一般都应阐述自己对《儿童权利公约》的理解,介绍本国根据《儿童权利公约》各条规定具体采取的措施和实施情况,应说明因种种原因使本国在实施《儿童权利公约》一些具体条款上面临的困难。

委员会收到各国的报告之后,安排日程进行审议,届时可派人出席审议,并就委员会的询问做补充答复。报告通过后,委员会应有一份书面审议结论,表明委员会对该国执行公约情况的评价;若报告未被通过,则该国需要重新撰写,另再安排时间重新审议。

问题 15:《儿童权利公约》在中国生效后,各级政府承担的责任有哪些?

广泛宣传《儿童权利公约》;认真履行《儿童权利公约》;审议及修改地方法规;建立监测《儿童权利公约》实施的机制。

问题 16:《儿童权利公约》对中国教育有何影响?

随着中国人文社会进步和人权制度发展,儿童权利保护已全面纳入国家法制轨道,尊重和保护儿童权利已成为社会发展和进步的新需求。20 世纪 90 年代初,联合国的《儿童权利公约》在中国生效,与此同时中国也制定了《未成年人保护法》。《未成年人保护法》第 1 章第 3 条就是吸纳了《儿童权利公约》的思想:"未成年人享有生存权、发展权、受保护权、参与权等权利,国家根据未成年人身心发展特点给予特殊、优先保护,保障未成年人的合法权益不受侵犯。未成年人享有教育权,国家、社会、学校和家庭尊重和保障未成年人的受教育权。未成年人不分性别、民族、种族、家庭财产、宗教信仰等,依法平等地享有权利。"即使联合国与中国政府制定了儿童权利保护法,但为了儿童的健康生存和全面正常发展,依旧需要更多家庭教育,指导者、研究者、执行者、儿童工作者共同承担起儿童权利传播的责任。在实践活动中,教育工作者们根据《儿童权利公约》建立儿童友好学校。

《儿童权利公约》是迄今规范儿童保护内容最丰富、最全面、最为国际社会广泛认可的一项法律文书,在国际人权领域影响很大。它既强调了儿童的公民政治权利,更注意了儿童的经济社会文化权利,并强调国际合作对缔约国为儿童提供保护的重要性,同时在一定程度上注意到了儿童的特殊性,为成人世界如何对待儿童提供了一套国际公认的道德标准和法律规范。

问题 17：《儿童权利公约》对学校教育有何影响？

《儿童权利公约》的精神与基础教育课程改革的内涵是一致的，体现的是文明教育应该遵循的一种基本理念。

第一，确立儿童友好学校理念。《儿童权利公约》明确规定了儿童具有受教育的权利，实现全面的免费义务小学教育，鼓励发展不同形式的中学教育，包括普通和职业教育，使所有儿童均能享有和接受这种教育，并采取适当措施，诸如实行免费教育和对有需要的人提供津贴，确保学校的各项纪律要求符合儿童的人格尊严，促进学校教育的发展。

第二，《儿童权利公约》的颁布使教师意识到尊重儿童权利的重要性。

第三，《儿童权利公约》的颁布促使儿童了解并开始维护自己的权利。

问题 18：在学校的教育教学过程中，如何保证《儿童权利公约》的实施？

在学校教育教学的过程中，需要将《儿童权利公约》的内涵及精神渗透到儿童生活和赖以成长的教育环境，包括各级学校的教育目标以及各项教育过程、教师培训、学校办学理念、课程理念、课程建设以及教学之中，并成为学校教育的深层内蕴和灵魂。

问题 19：《儿童权利公约》与我们的教师工作有何关系？

教师面对的是成长中、可塑性强的儿童群体。儿童进入学校之后，家长将一部分监护权让渡给学校和教师，因此，教师有责任承担儿童在校生活发展的监护权，有权利和义务保护儿童。教师要懂得儿童的基本需要和基本权利方面的知识，以便作出正确的决定。

问题 20：教师在贯彻《儿童权利公约》时，有哪些具体的注意事项？

教师不仅需要从事教学工作，也需要进行班级管理。

在教学方面，教师应该将儿童当作积极主动的权利主体，不要将儿童看作是弱小的被保护对象。教师要从儿童观出发，关注学生的需要，倾听学生的声音，给予学生参与课堂教学、主动提问的参与权。教师要培养儿童表达自己个人的意见的能力，并对他们的表达表示尊重。

在班级管理方面，教师要普及儿童权利知识，唤醒学生学会维护自身权利的意识，教会学生维护自身权利的方法。明确儿童需求和儿童权利之间的关系。注意尊重学生的人格尊严和重视学生情感的需求。

问题21：什么是儿童？

儿童在法律上称为"未成年人"联合国《儿童权利公约》中是指18周岁以下的任何人。

儿童的概念包含以下两个要素：

首先，儿童是人，具有人的特征，具备人的先天能力，有意识、有情感，同时拥有极大的未被开掘的潜能，应该被平等对待；

其次，儿童又是特殊阶段的人，处在生命周期的开始阶段，是未成熟的人类个体，需要一个身体生长、精神发育和不断社会化的过程，应该受到特殊对待。

问题22：儿童发展的特点有哪些？

连续性、阶段性、顺序性、个别差异性。

问题23：儿童的心理特征是什么？

好动心、好奇心、模仿心、游戏心。

问题24：儿童有哪些需求？

第一，生理需求：衣、食、住所、营养等。

第二，心理需求：爱、安全、信任、尊重、期望等。

第三，学习需求：游戏、玩具、好奇、语言、文化等。

问题25：教师在教学中应考虑儿童的哪些学习需求？

在社会和政府确保了儿童生存权和保护权的前提下，教师在教学中，需要更多地考虑儿童的发展权和参与权。

发展权具体表现在：对学习的需求，儿童有获得平等教育的权利；在教育过程中咨询和获得信息的需求、娱乐和闲暇的需求、主动参与文化活动的需求、思想和宗教信仰自由的需求、性格及个性发展的需求、意见被尊重及接纳的需求等。

参与权具体表现在：儿童有自由发表言论的权利，儿童作为参与者的意见有获得尊重和支持的需要。

在教学的过程中，教师要了解学生的需求，让"教"因学而设计，"教"为学而服务。在教学的过程中，教师要关注学生的个性，注重发展学生的个性，做到以人为本，以生为本；教师要关注学生的情感，给学生带来精神上的满足和快乐；关注学生的道德培养，使课堂不仅成为知识传递的场所，也是人性培养的殿堂。即教师在教学中应考虑儿童关于爱、信任、尊重、安全、好奇心等的需求。

问题 26：儿童的需求与需要有何不同？

需要是需求的基础，需求是需要的具体体现。

需要（needs）是有机体内部的一种不平衡状态，它反映某种客观的要求和必要性，并成为个人活动积极性的源泉。儿童需要有心理安全需要、生活和发展需要以及超越的需要三个层次。其中，心理安全需要是儿童需要的基础，生活和发展需要是儿童需要的主体，超越需要是儿童可持续发展的纽带。儿童需要内部有各自的层次，有不同的作用，有内在的逻辑支撑的关系。这些需要共同促进儿童全面、自由、充分地发展。在儿童的成长中，有生存的需要、爱的需要、学习的需要、游戏的需要、社会化的需要以及被保护的需要，这些需要是要在家庭、学校和社会中去满足的。

需求（demands）是对某种东西的欲望。它是在具体时间、条件、环境的约束下需要的特定体现。根据马斯洛的需要层次理论，人的需求是多层次的，儿童的需求也是多层次的，既有物质方面的需求，也有精神层面的需求，包括生理的需求、安全的需求、交往的需求、爱的需求以及自我实现的需求。其中，对生理的需求、安全的需求都可以看成是生理方面的需求，而对交往的需求、爱的需求、自我实现的需求都可以看成是心理方面的需求。

问题 27：什么是儿童权利？

儿童的需要当中最基本的那些往往被称为"权利"。《儿童权利公约》强调，关于儿童的一切行动，不论是由公私社会福利机构、法院、行政当局或立法机构执行，均应以儿童的最大利益为一种首要考虑。

问题 28：儿童有哪些基本权利？

生存权、保护权、发展权、参与权。

问题 29：什么是儿童的生存权？

生存权就是所有儿童都有存活的权利，以及有权接受可行的最高标准的医疗保健服务。这不仅指他（她）有要求自己的生命存活的权利，而且包括享有该生命存在所必需的最基本生活保障的权利，如食物、居所等最基本的生活标准和医疗保健服务，以避免生命遭受死亡的威胁。

问题 30：什么是儿童的保护权？

保护权就是防止儿童受到歧视、虐待和照顾不周，对失去家庭的儿童和难民儿童的保护。每一个儿童,不论他(她)的性别、国籍、文化背景或一切其他原因,都有权利要求得到保护。任何国家、机构、家庭、个人和儿童本身都应该有责任维护和执行这些权利。

问题31：什么是儿童的发展权？

儿童的发展权是指接受一切形式的正规和非正规教育,向儿童提供良好的道德和社会环境,以满足儿童发展过程中的身体、心理和精神需要。

问题32：什么是儿童参与权？

参与权就是儿童有权对影响他的任何事情发表意见。儿童的社会参与不仅是他们的基本权利,也是他们成长和发展的基本需要。《儿童权利公约》规定,缔约国应确保能够形成自己看法的儿童有权对影响儿童的一切事项自由发表自己的意见,儿童具有自由发言的权利,包括通过口头、书面、印刷、艺术形式或儿童所选择的其他媒介传递思想和意见。

问题33：媒体宣传如何保护处境不利儿童的隐私？

第一,媒体应该考虑儿童的需求。

第二,促进儿童的发展。

第三,适合儿童的年龄特征。

第四,发挥舆论监督的作用。

第五,提高媒体从业人员职业道德素养。媒体人员在对处境不利儿童进行采访时,要保护儿童的隐私,对姓名、地址以及其他具体信息进行匿名化。

问题34：儿童的发展权应该包括哪些方面？

儿童的发展权应该包括儿童有接受一切形式的教育(正规的和非正规的教育)的权利,以及能够提供适应儿童的身体、心理、精神、道德与社会发展的生活水平。

问题35：国家对实现儿童的权利是否有责任？

凡是缔约国都有责任、有义务保证满足本国儿童的这种基本需求,实现他们的权利。国家把学校、家庭、社会各阶层保护儿童的责任与义务以法律的形式确定下来,共同给予儿童所需的保障。

问题36：哪些因素威胁了儿童的生存？

疾病、战争、自然灾害、贫穷、没有适当的家庭和社会的照顾。

问题 37：哪些儿童的生存受到了威胁？

流浪儿童、残疾儿童、孤儿或者弃儿、被拐卖的儿童、弱智儿童、童工、受剥削的儿童、极贫困地区或家庭的儿童、家庭不健全的儿童、感染重疾的儿童、难民营中的儿童、受虐待的儿童、离家出走的儿童……

问题 38：什么是虐待儿童？

虐待儿童是指危害或者损害儿童身心健康的任何行为，或者由于任何不作为而导致儿童身心健康受损害的行为。

问题 39：儿童虐待有哪些主要的形式？

忽视、暴力伤害、性虐待、精神伤害（谩骂、嘲讽等）。

问题 40：欺负弱小和骚扰他人有何危害？

被欺负或被骚扰是学生不愿上学的重要原因之一。欺凌和骚扰行为造成的影响范围广，远远超出一个班，由此产生的痛苦甚至会危害整个学校。欺凌和骚扰行为通常秘密而隐蔽，很难被发现和控制，因此最要紧的是要认真对整个校区进行监督。如果这类行为有组织地发生，并持续好几年，将给学习成绩和身心健康带来极为有害的影响，使人消沉，甚至自杀。陈规陋习、偏见和歧视不仅仅是由性别、民族和残疾等原因造成，也会由其他许多外表上的原因造成（虽然外表对大多数成年人来说是多么的微乎其微）。

问题 41：当儿童权利在家庭环境中遭遇侵害，老师该如何帮助他？

教师应及时与学生沟通，使学生明白和理解学生自己享有的权利。教师可以开展家校合作，通过家长会或者家委会等活动来解决。情节较严重的通过法律途径解决。

问题 42：怎样让儿童了解自己的基本权利？

儿童对自己权利的认识和了解在很大程度上取决于社会、学校以及家庭教育的影响。

1. 社会。社会可通过广泛宣传和引导，普及儿童权利知识。

2. 家庭。家长有责任对子女进行自身权利的维护教育，在平时的生活过程中培养和增强儿童对自己权利的了解和认识。

3. 学校教育。教师可以通过各种教育教学手段，包括组织"公约纸牌"等游戏活动对儿童权利进行介绍和讲解；唤醒学生维护自身权利的意识；教师以身作则，成为学生学会维权和尊重他人权利的楷模；利用各种教育资源和教育事件教会学生对自身权利的认知。学校要加强对《儿童权利公约》精神和内涵的宣传，制作简单易懂的海报或者手册供儿童阅读；教师也应该将儿童权利认识的相关知识渗透到平时的教学活动中去。

问题 43：什么是儿童最大利益原则？

以儿童最大利益为目标是《儿童权利公约》的首要考虑。凡涉及儿童的一切事物和行为，必须首先考虑以儿童的最大利益为出发点。《儿童权利公约》中并没有指明儿童的最大利益是什么，但在实际工作中我们要随时注意到儿童的利益，并将他们的利益放在工作的首位。

问题 44：什么是尊重儿童基本权利原则？

所有儿童都有存活和发展的权利以及有权接受可行的最高标准的医疗保健服务，包括接受一切形式的教育，向儿童提供良好的道德和社会环境，以满足儿童发展过程中的身体、心理和精神的需要，如充足的食物、居所、清洁的饮水及基本的健康照顾，拥有安全的环境及由教育、游戏、良好的健康照顾和社会、宗教、文化参与的机会，使儿童获得健全均衡的发展。尊重文化差异，让儿童相互尊重。

问题 45：什么是无歧视原则？

每一个儿童都平等地享有《儿童权利公约》所规定的全部权利。儿童不应因其本人及其父母种族、肤色、性别、语言、宗教、政治观点、民族、财产状况和身体状况而受到任何歧视，他们所享有的一切权利也不应因其父母、监护人和家庭成员的身份、活动信仰和观点而受到任何影响。

问题 46：什么是尊重儿童观点的原则？

任何事情涉及儿童，均应听取儿童的意见。《儿童权利公约》强调儿童有权代表他们的意见，而且对于他们的意见也予以尊重。但这并不表示对儿童的意见要全然地接受。

问题 47：什么是儿童友好学校？

儿童友好学校（Child-Friendly School）是将教师、学生和家长联合起来，共创一个温暖的、有感染力和有益的学习环境。较之竞争，它更提倡在校园里的合作、相互支持和开放的交流。儿童友好学校重视为儿童提供和创造机会。它的目标是通过鼓励学校健全一些程序和政策，指导长期性的通过协商达成共识的有效行动，从而防止体罚、欺侮、伤害和暴力等行为的发生。它提倡平等的机会和民主程序。同时,这些政策和程序也将为教师、学生和他们的家庭提供帮助。总之,儿童友好学校旨在推进中小学校以学生为本,改革教与学的关系,改善学校、社区、家庭的关系,提高学生的学业成绩。

问题48:儿童友好学校的基本理念是什么?

儿童友好学校的概念基本上来源于联合国儿童教育基金会在泰国的项目。儿童友好学校的基本理念是:

首先,要实施由全社会共同承担责任的有效的教育,必须让儿童发表他们的意见,并且赋予他们被倾听的权利,以及让他们参与决策对他们有影响的事情。

其次,这样的教育还必须是由孩子、教师、家长和社会各方广泛参与、相互作用并形成合作关系。简单来说,即:面向每一个学生的学校;认识和珍惜多样性;让每一个儿童都有效学习;儿童安全和健康的学校;友善的工作集体。

问题49:儿童友好学校的特征是什么?

学校教育是全纳性的,无论学生的性别、民族、文化、能力以及家庭社会经济状况如何;学习是有效的,培养儿童的各种生活能力的学校环境是安全、健康和保护学生的,包括学生的身体、情感和心理;学校是社区和学生家长共同参与的;学校是性别平等和具有性别敏感性的。

问题50:儿童友好学校关注学校哪些方面?

致力于使儿童免受任何形式的剥削和虐待(无论在校内还是校外);儿童的参与;社会心理氛围;积极的参与式学习;家长学校的联系;学校社区的联系;促进儿童身体健康;物理环境(建筑和设施、学习材料和设备等)。

问题51:儿童友好学校的检验标准是什么?

营造友好的、有收获的、有支持作用的气氛;支持协作和积极的学习;不对儿童进行体罚,禁止学校内使用暴力;欺凌、骚扰行为是不能容忍的;学校支持并重视创造性活动的发展;建立学校和家庭生活的联系,学校向家长提供信息,让家长充分参与;学校提倡机会均等及程序民主化。

问题52:儿童友好学校适合所有儿童吗?

儿童友好学校就是将教师、学生、家长和社区群众联合起来,共同创建一个温暖的、有感染力和较强竞争力的学习环境。儿童友好学校是一个让师生受到尊重和关爱、快乐和安全,宽松和谐,没有暴力和欺凌,提倡均衡发展并体现人性化的场所。同时,儿童友好学校是推进素质教育的需要,它对于儿童、教师和学校文明健康发展具有十分重要的意义。

儿童友好学校是一种独特的学校,包含着众多的多样性,教育者应该学会理解、接纳、珍惜学生和教师文化背景带来的多样性,反思教育中存在的歧视和偏见,增强教育公平的意识,懂得如何在日常教育教学中体现教育的公平原则,消除偏见与歧视;提供更具包容性的和平、友好的环境,促进教育公平,为每一个学校平等地享受成功的教育消除障碍。

因此,儿童友好学校是适合于所有儿童的。

问题 53:如何理解全纳与平等?

"全纳"是指学校积极动员并帮助每个适龄儿童,特别是处境不利的儿童入学并从学校教育中受益,"平等"是指关注男女儿童平等的入学机会和发展,营造无歧视的、尊重学生多样性和差异的学校环境。具体体现为:确保儿童平等上学权利;尊重学生的差异性和多样性;建设性别平等的教育教学环境。

问题 54:全纳教育如何更好地在随迁子女学校实施?

全纳教育(Inclusive Education)是 1994 年 6 月 10 日在西班牙萨拉曼卡召开的《世界特殊需要教育大会》上通过的一项宣言中提出的一种新的教育理念和教育过程。它容纳所有学生,反对歧视排斥,促进积极参与,注重集体合作,满足不同需求,是一种没有排斥、没有歧视、没有分类的教育。

在我国,进城务工人员随迁子女民办学校(以下简称:随迁子女学校),作为一类专门招收进城务工人员随迁子女的特殊学校从上世纪 90 年代出现到如今,走过了一段艰难、曲折的发展道路。近些年来,政府加大力度对城市中随迁子女教育和随迁子女学校的扶持,其教育状况得到一定改善,学校各方面条件获得一定提升。但仍应注意全纳教育在进城务工人员随迁子女学校的理念普及和实践推广。

全纳教育主张在学校中创造一种关注每一个人、加强合作、反对排斥和歧视人的氛围,并按照学生的不同个性和需求进行教学,促进所有学生的参与,发挥学生的主动性和创造性。随迁子女学校面对的是特殊的群体,实施全纳教育具有重要的意义。学校需要将全纳教育渗透到学校管理中去,教师需要将全纳教育渗透到教学中来。

全纳教育的课程教学观认为，每个学生都有其独特的个性、兴趣、能力和学习需求。课程应该适应学生的需要，而不是让学生去适应课程的需要。因此，必须根据学生的不同特性开展多样化的教学，才能满足学生的不同需求。具体做法如下：

1. 将全纳教育的理念深入学校管理人员和各级教师之中。
2. 创建全纳性的课堂环境。
3. 关注学生的多样性背景和能力。
4. 对学生学习进行有效地评价。

问题55：如何理解儿童的安全与健康保护？

从儿童的视角出发，在尊重儿童的前提下采取积极的预防措施，保护学生的安全，促进儿童的身体发展和心理健康，使儿童感受到无论是身体方面，还是心理和情感方面，学校都是一个可以获得支持和帮助的场所。

问题56：如何在学校管理中体现"参与"？

在学校管理中从学生视角出发，通过学校与家庭、社区的合作，促进学生在校内外学习、生活中的参与，在校内外形成"相互尊重、理解和支持"的人际关系与积极氛围，保证学生权利的实现，共同为学生营造一个快乐、轻松、和谐的学习和生活环境。

问题57：《儿童权利公约》的履行，需要依靠哪些因素？

《儿童权利公约》的履行，需要依靠政府、社会、学校、家庭及个人的力量。

1. 政府。广泛宣传《儿童权利公约》，认真履行《儿童权利公约》，审议修改地方法规，建立监测《儿童权利公约》实施的机制；

2. 社会。全社会对儿童权利广泛关注及认同，支持公益项目和维护儿童权利，监督和促进社会舆论；

3. 学校。将《儿童权利公约》渗透至儿童生活和赖以成长的教育环境中，将其精神浸注于各级学校的教育目标和各项教育过程之中。

4. 家庭。帮助孩子理解《儿童权利公约》，教育儿童在尊重他人的基础上保护自身的利益。

5. 个人。在家长、教师、学生层面，理解《儿童权利公约》赋予儿童的各项权利，明确《儿童权利公约》中各项规定的法律效力，共同履行《儿童权利公约》的各项规定。

问题 58:《世界人权宣言》(Universal Declaration of Human)中如何规定受教育权?

1. 人人都有受教育的权利,教育应当免费,至少在初级和基本阶段如此。

2. 初级教育应属义务性质。技术和职业教育应普遍设立。高等教育应根据成绩而对一切人平等开放。

3. 教育的目的在于充分发展人的个性并加强对人权和基本自由的尊重。教育更促进各国、各种族或各宗教集团间的了解、容忍和友谊,并应促进联合国维护和平的各项活动。

4. 父母对其子女所应受教育的种类有优先选择的权利。

问题 59:为了防止校园暴力,教师可以做些什么?

1. 从小教给学生健康的、非暴力的行为方式。

2. 学习和运用有效的、非暴力的方式教育学生,不要让学生误以为暴力是解决问题的有效手段。

3. 教师自身作出榜样,不用暴力的方式解决矛盾。

4. 和学生之间更好地沟通。例如,学会倾听学生们的心声。

5. 监督媒体、学校、同辈群体和社区组织对学生的影响。

6. 对帮助他人和用非暴力方式解决问题的学生要鼓励和表扬。

7. 对酒精、毒品等问题有所了解。

8. 教给学生处理紧急问题的有效方法。

9. 给学生提供练习生活技能的机会,特别是如何用非暴力的方式解决问题的训练。

问题 60:关于儿童权利的参考书目有哪些?

1.《儿童权利公约》。

2.《世界人权宣言》。

3.《中华人民共和国未成年人保护法》。

4.《中华人民共和国义务教育法》。

5.《中华人民共和国教育法》。

6.《中华人民共和国残疾人保护法》。

7.《中华人民共和国预防未成年人犯罪法》。

8. 劳凯声:《变革社会中的教育权与受教育权》,教育科学出版社2003年版。

9. 内尔达:《教育法学:教师和学生的权利》,中国人民大学出版社2010年版。

10. 教育部:《现行教育法规与政策选编》,教育科学出版社2002年版。

11. 英国儿童救助会编:《联合国〈儿童权利公约〉参与式培训手册》(内部材料),1999年。

第七单元　参与式教学概论 60 问

问题 1：参与式教学起源于什么时候？

参与式教学起源于 20 世纪五六十年代的英国，它最初是一种社会学理论，后来被引入教育学领域。

问题 2：什么是参与式教学？

参与式教学，既是一种新的教学理念，又是一种新的教学方式。它强调以学生为中心，重视学生在教学过程中的自主参与。

参与式教学，并没有一套固定的方法和技巧，只要让所有在场的人都"动"起来，每个人都有体验、探究、合作、表达和交流的机会，都是参与式学习。学习的目的不仅仅是"授之以鱼"，而且要"授之以渔"，使参与者提高学会学习的能力。

参与式教学核心内涵体现在：

第一，建立在学生中心论上，突显师生——特别是学生的主体性。

第二，这种教学离不开教学的设计和控制，以达到吸引学生的目的。

第三，关注师生互动关系的构建。

问题 3：什么是"有效的教与学"？

"有效的教与学"指教师作为学习的引导者，运用自己的专业知识和技能，激发学生的学习动机，帮助学生取得最佳学习效果，并促进学生主动、全面、有差异地发展教学活动。

问题 4：参与式教学的目的是什么？

目的是使每个有着不同学习背景、不同个性、不同知识经验和不同智能类型的学习者都能有效地学习，让所有的学习者都积极主动地参与到学习中。

问题 5：参与式教学理念是什么？

参与式教学的理念：全纳、尊重、平等、合作、自主和探究等。

问题 6：参与式教学的基本特征是什么？

全员性、开放性、主动性、合作性、民主性。

问题 7：参与式教学的开放性体现在哪里？

教室里，从课桌的摆放、墙壁的布置、教师的行为举止到活动的内容和方式都是开放的。开放的课堂，形式是活泼的，气氛是活跃的，学习内容是丰富的。参与式教学为每个学生提供了发现与创造的机会。同时，参与者要以开放的心态参加学习，主动分享自己的看法和做法。

问题 8：参与式教学的民主性体现在哪些方面？

民主性最直接地体现在参与式课堂实施中，学生能够平等地参与，教师与学生之间的交流是平等的，教师要尊重学生的认识和感受。教师平等地对待每一个学生，尊重每一个学生，学生在这样的环境下能够感受到安全，能够积极主动地参与教学活动。同时，教师也会确保学生之间、男生和女生之间、学优生和学困生之间的平等，创造宽松和谐的学习气氛。

问题 9：什么是参与式教学的全员性？

参与式教学的参与对象应顾及教师与每个学生。需要鼓励每一个学生的积极性，给予其机会参与到学习过程中。参与式教学过程期待每一个学生的发展，只要学生努力探究了，在他人的帮助下进步了，在学习中获得了自信的体验，他就获得了发展。在整个过程中教师是一重要的参与者,需要适当引导与纠正,确保教学的有效性。

问题 10：参与式教学的原则是什么？

根据《儿童权利公约》规定的几项原则：儿童最大利益原则、尊重儿童基本权利原则、无歧视原则、尊重儿童观点的原则,教师在参与式教学过程中应该做到：关注儿童的兴趣,给学生提供平等的机会,善于倾听儿童的观点,尊重儿童的想法,给予不同孩子个性化的关注。因此,参与式教学的原则有：

1. 多样性原则：能够最大程度地使参与者参与到学习的全过程中来,任何以学习者为中心的方法都可以视作参与式教学的方法。

2. 主动性原则：使参与者主动积极地参与到学习的全过程。

3. 公平性原则：每个参与者在教学活动中共同享有教学资源,包括教学的组织者和参与者,他们的地位是平等的。

4. 有效性原则：参与式教学目标的达成应该是有效的,更注重的是教学的过程和方法。

问题 11：参与式教学有一个统一或者固定的模式吗？

没有,因为不同的教学目标、不同的学科、不同的学生个体决定了不同的参与方式。

问题 12：参与式教学中参与的形式有哪些？

1. 被动性参与：教师决定做什么及怎么做,学生只是被告知必须如何去做。

2. 诱惑性参与：教师决定做什么,怎样做,并用奖惩方法鼓励学生参与。

3. 适应性参与：在做什么上,教师接受学生的意见,但是如何做则是由教师来决定。

4. 主动性参与：教师和学生一起分析情况,共同决定做什么及怎样做。

5. 自主性参与：学生决定要做什么以及怎么做。

问题 13：参与式教学的作用是什么？

参与式教学力求通过多种途径、手段和方法,引导所有学习者都积极、平等地参与学习,在参与中获取经验、建构知识、形成能力、掌握方法、体验情感,最终形成新的价值观。

参与式教学改变教师传统的教学方式,建立了"以学生为中心"的教学方式,尊重儿童的基本权利,促进学生的全面发展,改进课堂教学形式,激发学生主动学习的兴趣。

问题14:在参与式教学情景中,学生对教学的参与是一种什么样的状态?

在参与式教学情境中,学生对教学的参与不能仅仅视为学生个体的专注学习状态,而是学生在交流互动的教学环境中的投入状态,即课堂中学生个体认知、行为和情感的积极投入,是学生主动思考、合作探究以及积极解决问题的状态。

问题15:是不是所有的教学过程中的行为都是参与呢?

并非所有的教学过程中的学习行为都是参与。我们强调教学活动中的学习参与是全面参与、主动参与、思维参与。

问题16:参与式教学和传统教学的区别有哪些?

参与式教学与传统教学比较

比较	参与式教学	传统教学
关注角度	关注学生学会学习的过程	注重教师讲解的过程
责任人	学生对自己的学习负责	教师对学生的学习负责
获取知识途径	学生成为积极的知识探寻者	教师通过讲授向学生传授知识
教学形式	开放式	封闭式
学生学习方式	学生寻找和利用信息或知识解决问题	通过记忆学习知识,并学会用固定的公式解决问题
课堂氛围	开放、信任	封闭、竞争
评价	学生学习过程的表现	学生的考试成绩

问题17:参与式教学的理论基础有哪些?

自然主义教育;"做中学"理论;认知发展理论;人本主义理论;建构主义学习理论;多元智能理论。

问题18:人本主义理论如何突出参与式学习?

人本主义注重人的发展,强调人在学习中的主动参与,平等交流,以增强人的自尊、自信与自我意识,而这些体现的是参与式学习的内涵。

问题19:认知结构理论如何看待学习的过程?

认知结构理论认为学习是一个"同化"和"顺应"的过程,学习要结合学习者已有的经验和现有的认知发展水平,在新知识和旧知识之间建立起有意义的联系。

问题 20：建构主义是如何看待学习的？

建构主义认为知识不是一种外在的客观存在，而是学习者主动建构的结果；每个人建构知识的方式都不一样，因此需要个性化的、情景化的、问题解决式的学习。

问题 21：多元智能理论如何理解学习的？

多元智能理论认为人的智能是多元的，各有特长，它们在学习过程中可以相互促进，相得益彰，因此，学习不仅需要大脑的思考，而且需要身体和其他所有直觉的参与。

问题 22：参与式教学的方法有哪些？

问题式学习、合作学习、教育戏剧、课堂讨论、头脑风暴、示范和指导练习、角色扮演、小组活动、游戏和模拟教学、案例分析、讲故事、辩论、与他人在特定环境内练习生存技能、音频或视频活动（比如艺术、音乐、戏剧、舞蹈等）、决策图或知识树等。

问题 23：参与式教学中使用频率较高的方法有哪些？

提问、小组讨论、游戏、角色扮演等。

问题 24：实施参与式教学需要考虑到学情吗？

实施参与式教学需要考虑学情。因为实施参与式教学对学生要有"层次"关注，包括年龄层次、基础层次、时间层次等。在参与的要求和认知的要求上能分别有针对性地对待不同层次的学生，使全体学生在任何时候都能获得成功感，并不断提升其层次。

问题 25：参与式教学中，提问的作用有哪些？

在导入阶段，提问可用于：发现学生已有知识；激发学生的学习兴趣；引起学生的好奇心。

在新授课教学中，提问可用于：检查学生是否参与讨论；澄清错误观点；鼓励学生掌握呈现的知识。

在复习巩固中，提问可用于：评价课堂目标的达成；发现是否还遗漏一些错误的观点。

同时，提问会引起学生的无意注意，强化他们对知识的有意注意。如果教师的提问巧妙、新奇，或者与学生的兴趣爱好相符合，就能够激起学生的好奇心，引起学生的无意注意。另外，课堂提问还能够引导全体学生注意力集中，强化有意注意。教师不断地提出新的要求，学生的有意注意就容易保持了。即使个别不注意的学生,在这种环境下也会有所发现而回心转意。

未知的世界对学生具有很大的吸引力,这种好奇心便是学生对知识学习的一种内在的需求。课堂提问有利于活跃课堂气氛,沟通师生之间的情感交流,有利于教学活动的顺利进行。课堂提问可以激发学生的思维活动,使其主动投身于教学活动中去,并意识到自己在该活动中的地位,从而增强其学习内动力。

提问可以让教师获得学生反馈信息,调整教学进程。课堂中的提问可以成为教师获取这种反馈信息的有效手段之一。通过教师的提问,学生的回答,教师得到了反馈信息,及时调整教学进程,学生之间也得到了信息的交流。即便是答错了也往往能够给教学提供生动的实例,成为澄清教学问题的大好时机。

问题26:在参与式教学中,提问应该注意的事项有哪些?

1. 如果教师觉得提问有困难的话可以提前将问题写在小纸片上。
2. 按照提问、停顿、请学生回答的顺序。
3. 平等提问,重视学生的回答。
4. 通过"为什么""是什么""怎么办"等问题激发学生思考并得出更丰富的解释。
5. 向学生提出不同难度水平的问题。
6. 不鼓励同声回答。
7. 在学生经验及能力范围内提问。
8. 学生自己没有要求重复问题的情况下不要重复。

问题27:有效提问的特点是什么?

能激发学生思维;简短、精炼、清晰;表达准确,不引起歧义;激励学生自我表达;与教学内容有很高的相关性;促进学生能力发展。

问题28:参与式教学中,哪些类型的问题被称为不合适的问题?

1. 封闭型问题:这种问题只是用"是"和"否"来回答。
2. 引导式问题:这类问题给回答者明显的暗示,隐含了教师希望的答案。
3. 多重问题:这类问题使学生难以全部回答。
4. 太简单的问题:题目会过于简单。
5. 太难的问题:题目难度超出学生的能力范围。

问题 29：学生在回答问题时，教师应如何做？

1. 注意倾听每个人的发言，特别是那些听起来不太肯定的回答。

2. 以尽可能建设性的方式对所有人的回答予以肯定。

3. 以非言语行为(如点头、微笑、目光接触)表示自己在认真倾听。

4. 不要轻易否定任何一个答案——起码参与者费神表达了自己的看法。

5. 不要轻易接受一个不完全或不清楚的回答——当你问一个澄清型问题时，你实际上也在帮助其他人理解该回答。

6. 努力让尽可能多的观点表达出来，特别是那些不爱说话的人的观点。

7. 在尽可能的情况下，将大家的回答都写在黑板或纸板上，尽可能使用回答者自己的话语，不要忽略任何有效的观点。

问题 30：参与式教学的实施需要创设哪些条件？

1. 教室环境的布置：教室环境的布置要适合儿童的年龄和心理特点，要有趣味、有意义、有意境，也要富有启发性。

2. 学习氛围的创设：学习氛围应该是轻松、愉快、平等、有趣、和谐的。

3. 教学过程的情景创设：学生学习积极性的形成与学习动机的激发有着内在的联系，学习动机的激发是形成学生学习积极性的内在因素。

4. 主动学习情景、探研情景的创设。

问题 31：参与式教学如何在低年级的课堂上实施？

在小学阶段，根据学生的年龄特征将学生分为低年级学生、中年级学生和高年级学生。低年级的学生主要为一二年级的学生。学生的年龄较小，学生的思维主要凭借具体形象的材料进行，学生的自我控制能力较差，比较容易受他人的暗示和影响，会产生不自觉的模仿行为，缺乏耐心和毅力。学习活动本身是否有趣以及教师态度是否亲切和气，成为学习的主要动机。学生的主动性较差，教师要予以引导。低年级学生认知水平较低，知识储存量较少，教师要在一定的程度上给学生提供一些帮助，学生之间的互帮要少一些。

在参与式课堂上不时地提问，让学生重复重要的问题及进行回答；教师可以对同一主题做角色扮演或者提问教学，通过不同的方法加深低年段的学生对所学内容的了解；借助教学辅助工具，用不同的方式给低年段的学生反复展示同一信息。

问题 32：参与式教学中，教师如何激发学生的学习积极性？

为学生提供具体的材料，让学生自主探索新知识；在教学中尽量创造条件，为学生提供充足的时间和空间；留给学生充裕的学习时间；尽可能少讲精问；给予学生充分表达观点的机会，尊重学生以不同的方式理解和解答问题；让学生充分体验成功的喜悦。

问题 33：怎样培养后进生在课堂中有效地参与到学习中来？

首先，帮助明确学习目标，使后进生能够有较高的自我期待；其次，要营造一种宽松、开放的环境，让后进生能够学会自主学习，自觉参与到学习过程中自由探索和创新；再次，在参与式教学中要尊重、信任、鼓舞后进生，尽量多给后进生学习的机会；最后，参与式教学过程要以多种形式呈现，紧紧吸引住后进生的注意力。

问题 34：参与式教学中，"情境性"的设计需要注意哪些问题？

"情景性"的设计要具有引导性和开放性；要将知识、方法纳入到一定的"情景"之中；在教材和学习者之间建立平等的、相互包容、相互激发的关系。

问题 35：参与式教学在课堂教学中运用具有哪些特点？

分组自由，合作为主；活动丰富，平等为主；问题巧妙，参与为主；形式多样，互动为主；评价全面，多元为主。

问题 36：学生人数较多，如何更好地应用参与式教学？

如果是大班额教学，可以实施小组教学，小组成员可以相对多一些；当小组组数较多时，教师要注意反馈形式的多样性和层次性；当小组内人数较多时，教师要注意对小组活动的监督和指导，也可以尝试随机抽签的方式，让每个学生都有参与机会。

问题 37：教师如何做到参与式教学的"全员参与"？

在大班额的情况下，在每节课上让每个学生都参与是不可能的，也是不现实的，这里的"全员参与"的含义是每一位学生都有参与课堂学习的机会。

为此，可以努力尝试做到以下几点：第一，在参与式教学的过程中使用与教学相关的工具和材料，尽量使每个学生都可以直接动手操作。第二，教师在进行参与式教学的过程中，需要采用多种多样的教学方法，调动学生积极参与的主动性。例如，快速抢答，让每一个学生在没有"压力"的热烈气氛中"表现"自己；循环征答，强调在思考的基础上，每个人按照顺序回答问题；角色扮演；小组讨论；绘画法等。

第三,根据不同学生的特点针对性地布置学习任务。第四,教师要及时地对学生在参与式教学活动中的表现给予一定的反馈。第五,教师要增强学生之间的交流。

问题38:小组讨论的作用有哪些?

小组讨论可以使每个人都有机会表达自己的看法,彼此交换意见;可以提升学生的认知,加深他们对教学内容的理解;有利于组员表达自己的看法,倾听别人的看法,提高学生与人合作的意识和能力;能够使组员产生归属感。

问题39:可以随意进行分组的吗?

不可以。分组时需要考虑组员之间的相互信任程度以及交流的可能性,以保证小组讨论所必需的凝聚力和互动力。如果讨论的问题比较敏感,应该对学生进行同质分组,让相同的人在同一小组对这些问题进行初步的探讨。如果活动的目的是帮助不同的人群了解彼此的看法,也可以按异质分组,但要确保大家能够平心静气地交谈。

问题40:小组内部有没有角色分工?如何进行角色分工?

为了保证小组有效开展活动,组员内部还需要进行角色分工。每个小组至少有如下几个角色,由小组成员在培训期间轮换担任:小组长、记录员、计时员、汇报员等。

问题41:在参与式教学中,教师应该扮演什么角色?

学生潜能的发现者、挖掘者、激励者;课堂教学活动的策划者、组织者及管理者;学习效果的评估者和反思者。

问题42:小组汇报是否有时间限定?

没有具体的时间限定。但是教师是以教学重难点为主,注意把控时间。如果问题适中,学生讨论充分的话,可以对时间作出一定的设定。小组在汇报时只汇报小组讨论的热点,在特定时间内完成汇报,借此让学生把握时间的紧迫感和重要性。

问题43:小组汇报时,如何避免汇报重复?

可以采用以下六种情况来避免汇报重复:

第一种:一个小组汇报结束后,其他小组只汇报新的想法和做法。

第二种:每一个小组只汇报一个最重要的问题。第一轮结束后,如果有小组还有新的内容,可以再进行第二轮汇报。这样就可以避免第一组的汇报人把大家想说的问题说完了。

第三种：如果小组数量较多，可以在讨论某一问题时，让一半小组先汇报，其他小组只作简单补充。然后在讨论下一个问题时，让另外一半小组主要汇报。

第四种：让每个小组留一个人向大家介绍本组的讨论结果并进行答疑，其他人到别的组去参观交流，然后回来向留下的人汇报。

第五种：不要求小组逐一汇报，学生可以在大组内随意地大声说出自己认为重要的想法和建议。

第六种：在分配小组讨论议题时，分给不同的组不同的讨论议题。这样在大组汇报时，内容不重复，可以使大家了解更多的内容，达到事半功倍的效果。小组在向大组汇报讨论结果时以及之后，教师应该鼓励其他小组向该小组提出问题，以形成思想上的交锋。

问题44：参与式教学对教师的反馈有怎样的要求？

1. 教师要及时对学生的表现进行积极的反馈。

2. 教师的反馈要客观、准确、真实。教师的表扬不要言过其实，批评要客观、中肯，同时也要有针对性。

3. 教师的反馈要具有可行性，确保学生能够利用教师的反馈来改进自己的行为。

4. 教师的反馈要具有针对性，对教学中某一具体问题或情景进行反馈，使学生能够明白如何纠正自己不足之处，或者明白成功之处在哪里。

5. 教师也要对学习者的非言语性行为给予回应，例如，迷惑的眼神、点头以及打哈欠等。

6. 教师也需要鼓励学生说出自己的困惑。

7. 教师要不断地、适时地提问，较快把握学生的学习情况。

问题45：参与式教学中，教师对学生的评价有怎样的要求？

参与式教学强调评价多元化，教师对学生的评价应确立多元目标，多种方法的体系，力求结果、过程、水平、情感、态度等各个方面给予学生全面评价，帮助学生认识自我，树立信心。参与式教学强调评价的发展性，注重过程性和表现性的评价。

问题46：在参与式教学中，教师怎样帮助学生学会评价？

1. 教师点评示范。教师先选几个类型不同的学生进行点评示范，并教给学生

"一分为二""看发展""看亮点"的思想方法,并使其学会用"我发现……""我欣赏……"等激励、赏识性的语言评价他人。

2. 学生练习自评。学生的自评要在自我观察、自我认识的基础上进行。

3. 学生练习互评。在互评中,教师要教会学生尊重事实,按照一定的标准进行评价。学会从发现亮点、欣赏别人的角度和"我建议……"的角度去评价别人。

问题47:参与式教学过程中常会碰到哪些问题?该如何解决?

在参与式教学过程中会经常碰到学生出现以下问题:

一是学生不参与。例如,忙着记录,不参与活动;走神。

二是学生的参与面不广。例如,一个人说出所有答案;有几个人比较沉默;有人认为所讨论的题目是不重要的;有一个人反复说同一件事;有几个人控制整个过程。

三是学生对讨论主题把握不准。例如,每个人关心的主题不一样;成员对讨论的主题意见不一。

在课堂中,由于每个学生的特点不同,教师要给每个学生平等的机会,要鼓励不爱说话的人,并使其多说,用一定的技巧限制爱说话的人,并使其少说;鼓励不爱动的人多动,用一定的技巧限制爱动的人,并使其少动。在参与式教学的课堂上,教师和学生都应该保持开放的心态,没有权威,没有禁忌,让不同的思想和观点交融,让不同的经验分享。教师和学生在积极贡献自己的知识和经验的同时,也吸纳和分享他人的知识和经验,在互动中学习,在合作中进步。

问题48:有效参与式教学的要点有哪些?

1. 有效设计:在参与式教学中,教师将知识目标转化成能力目标。

2. 有效互动:教师要以能力目标指导教学,意味着教师要从传授知识的权威转化为学习的指导者。处理好知识系统与认知规律之间的相互关系。

3. 有效评价:给予学生适当的奖励和积极的评价。

4. 有效反馈:给予学生及时而恰当的反馈。

问题49:参与式教学中,小组合作应该注意哪些事项?

分组需要注意是同质或者异质;小组合作中,要让学生有明确的目标;杜绝小组内"权威";给予学生充分的小组活动时间。

问题 50：在大班额中实施参与式教学活动，如何关注到不同层次的学生？

在大班额的班级中，也可以实施参与式教学活动。不同的学生层次对教学来说都是一种有利资源，教师要充分认识和利用这种差异资源。教师应对不同层次的学生进行异质分组，促使学生进行互帮。使学生进行组内合作，组间竞争，必要时给予个别指导。

教师在进行参与式教学时，可以使用"指示牌"：当教师完成一项学习任务时，教师要求每个学生对自己掌握的知识进行自评，并举起"指示牌"。教师可以清楚地了解每一个学生掌握知识的具体情况。

教师可以进行分层次教学。课前对学生进行学情分析，了解每一个学生的发展水平特点。在教学过程中，给予学生掌握所学内容的必需的学习时间，给予个别指导和全新的学习机会等。教学活动结束后，对学生进行分层布置作业。

问题 51：学校教育中课堂的时间和教学的地点往往都是有限的，如何做到给学生提供充足的时间和空间？

参与式教学的环境布置中，时间与空间往往是固定的，但是可以在固定化的情况下作一些调整：

1. 空间上：参与式环境的布置中，最重要的是进行桌椅的布置——桌椅的摆放方式，这也直接关系到教师和学生在教学过程中的参与和互动方式。桌椅的摆放形式有：平行排列，也叫秧田式排列；马蹄形排列，也称"U"字型排列；人字型排列，也称为"V"字型布置，这其实是一种对"U"字型排列的变革；小圆桌式；椅子圈式……在空间的使用上，教师需要充分发挥自己的创造力和想象力，充分利用空间资源，不必拘泥于某一种固定的形式。

2. 时间上：时间上的不足较多表现在教师不能在固定的时间内完成应该完成的任务。在教学中，教师应该有所侧重，重点内容根据教师采用的不同教学方法应该有所变化。例如，若是采用角色扮演的方法，教师可以将两个课时连在一起进行。在参与式教学中，教师要善于利用多种教学方法，深化学生对所学知识的理解。教师在教学的过程中要灵活运用各种教学辅助工具，准备丰富的视听资料，刺激参与者的各种感觉器官。

问题 52：参与式教学中，学生小组多，反馈时间不够怎么办？

可以选派小组代表或者小组长进行发言，但要注意反馈方式的多样化。小组代表反馈时教师可要求观点相同的不必重复,也可对每组发言时间进行控制。可以将讨论的结果在讨论时就写在卡片、大白纸、小黑板等材料上,反馈时展示出来即可。

问题 53:参与式教学活动应从哪些方面进行评价?

首先,参与式教学中对学生学习活动进行评价要关注学生的学习主体是否得到有效落实。同时,评价者要通过各种方法和工具了解学生在课堂中的参与度,包括学生的主动提问、质疑的次数是多少,学生用于独立思考、自主学习或探究问题的时间是多长,学生进行小组讨论和班级交流的时间是多长等。

其次,关注学生的个性差异是否得到有效融入和提升。

再次,要探讨学生情感态度与价值观的发展是否得到体现。

最后,教师在教学过程中是否关注学生的情感——学生是否能够积极自信学习,这是学生学习状态是否良好的重要标志。

问题 54:进行参与式教学评价时,教师应该注意什么问题?

教学是涉及教师和学生双方的活动过程,是一种学习活动,本质是学习而不是教。教师是教学活动的组织者与指导者。因此,课堂教学评价应从学生学习活动的角度进行,把教师的教放在学生的学习活动中加以评价,关注教与学的互动。在进行教学评价时要更加关注过程性评价、表现性评价以及发展性评价。教师向学生强调自己与自己比,让学生看到自己的进步,并增加成功感。

问题 55:什么是角色扮演?

角色扮演是指学生根据教学的要求和自己的理解扮演现实生活中的一个角色,将该角色的个性特征以及在某些事件和关系中的行为方式突出表现出来。角色扮演的主要目的是使参与者从不同角度体验一个相对真实的情境,使认知和情感产生冲突,形成新的、更高层次的认知和体验。

问题 56:角色扮演的步骤是什么?

第一步,学生分组,小组确定具体扮演角色的主题,选择扮演者,布置场景,进行排演;

第二步,教师对学生提出观察任务,包括观察的内容、角度、方法等;

第三步,各小组进行角色扮演,其他参与者观察,并作详细记录;

第三步,学生对各小组表现进行评议,对有问题的进行谈论;

第四步,如果需要的话,重新扮演,对角色进行修改,用不同的方法扮演同样角色,或让不同的人扮演同样的角色,增加参与面和体验程度;

第五步,全体参与者再次对各组扮演进行评议,针对有关问题进行讨论;

第六步,教师要协助学生进行总结,将角色扮演中的问题情境与当前的现实结合起来,探究行为的一般规则和问题解决的一般方法。

问题 57:角色扮演的作用是什么?

角色扮演可以激发学生的情感,而情感对于学生的智力发展和行为矫正都有着非常重要的作用。通过角色扮演,学生能够提高对自己情感的认识和理解,了解自己的情感是如何影响自己的思想和行为的。角色扮演时所激发的情感是由学生群体在互动中产生的,学生相互影响。这种集体反应比较容易融入学生个体意识之中,为个体的社会化提供引导。学生会在非理性的水平上认识到反思自我及其与他人关系的重要性——这往往比基于理性思辨更加有效,对参与者的行为改变具有更加深远的影响。

问题 58:角色扮演需要注意什么问题?

角色扮演通常非常费时,需要大量的时间事先准备、组织演出、进行评议和总结。因此,教师在选择这类活动时,必须有一定的时间保障,切记不要匆匆而过,为扮演而扮演。为了使扮演者对自己的任务更加明确,教师可以为每一位扮演者提供一张卡片,上面写有扮演该角色的具体要求。在扮演过程中,教师还应时刻保持警觉,如果发现扮演偏离了主题,需要及时干预。干预应该言简意赅,不要过多地进行评议。

问题 59:游戏教学法的作用有哪些?

变静态教学为动态教学,使学生在轻松、愉快的氛围下有效地掌握知识和发展能力。能够活跃课堂气氛,使学生在轻松愉快的心情中学会知识,同时又充分地激发起学生的学习兴趣和学习主动性,培养学生的创新精神,帮助一些学生克服"羞于启齿""消极""自卑"等一些不良心理,在一定程度上帮助他们改变自己的性格弱点。也能够促进师生之间的情感交流,增进彼此的了解,提高教学效果。

问题 60:参与式教学有哪些参考书目?

1. 〔法〕卢梭:《爱弥尔》,李平沤译,商务印书馆 1978 年版。
2. 陈时见、冉源懋:《参与式教学》,高等教育出版社 2012 年版。

3. 陈向明:《参与式教学与教师专业发展——"西部基础教育发展项目"的经验与反思》,北京大学出版社 2007 年版。

4. 〔日〕黑柳彻子:《窗边的小豆豆》,赵玉皎译,南海出版公司 2003 年版。

5. 〔美〕艾斯奎斯:《第 56 号教室的奇迹》,卞娜娜译,中国城市出版社 2009 年版。

6. 〔美〕加德纳:《多元智能》,沈致隆译,新华出版社 1999 年版。

7. 〔苏〕苏霍姆林斯基:《给教师的建议》,杜殿坤译,教育科学出版社 1984 年版。

8. 〔苏〕阿莫纳什维利:《孩子们!你们好!》,朱佩荣译,教育科学出版社 2002 年版。

9. 李吉林等:《李吉林小学语文"情境教学—情境教育"》,山东教育出版社 2000 年版。

10. 屠美如:《向瑞吉欧学什么——〈儿童的一百种语言〉解读》,教育科学出版社 2002 年版。

11. 联合国教科文组织:《学会生存——教育世界的今天和明天》,华东师范大学比较教育研究所译,教育科学出版社 1996 年版。

12. 陈向明:《在参与中学习与行动——参与式方法培训指南》,教育科学出版社 2003 年版。

第八单元　合作式学习 60 问

问题 1：合作学习缘起于什么时候？是近些年才出现的吗？

其实，合作学习是一种古而有之的教育思想。

1. 在中国：两千年前，《诗经》中有："有匪君子，如切如磋，如琢如磨"。

《学记》中有："独学而无友，则孤陋而寡闻"；"相观而善谓之摩"。20 世纪 30 年代，陶行知使用"小先生制"教学方法，儿童一边当学生，一边当先生，"即知即传人"，把学到的知识随即传给同伴。2001 年，《关于基础教育改革与发展的决定》指出：鼓励合作学习，促进学生之间的相互交流、共同发展，促进师生之间教学相长。2001 年，《基础教育课程改革纲要（试行）》倡导：学生主动参与、探究发现、交流合作的学习方式。2010 年，《国家中长期教育改革和发展规划纲要（2010—2020）》强调：倡导启发式、探究式、讨论式、参与式教学，帮助学生学会学习。

2. 在外国：公元 1 世纪，古罗马昆体良倡导同伴互教；17 世纪，捷克夸美纽斯倡导同伴互教互学；18 世纪，英国贝尔和兰卡斯特成立兰喀斯特学校，倡导合作学习；19 世纪，美国帕克把合作与民主的氛围引入到昆西的课堂中；20 世纪，美国杜威倡导"做中学"。

问题 2：合作学习的理论基础是什么？

1. 群体动力理论：人与人互动中的两种基本的目标结构即合作型、竞争型。在合作过程中，具有不同智力水平、知识结构、认知风格的学生可以互补，相互启发、相互补充，从而产生新的思想。

2. 社会互赖理论：积极的互依结构就是合作导致；消极的互依结构就是竞争，当所有的人聚在一起为了一个共同的目标而工作的时候，靠的是相互团结的力量。

3. 发展心理学:以维果茨基的社会性交往为基础。

4. 建构主义理论:提出个体与社会之间的相互关系,强调学习的社会性建构,"情景""协作""会话"和"意义建构"是建构主义学习理论的四大要素。

5. 交往理论:交往是主体间的相互关系而不是主体与客体之间的单项关系,主体间性是主体之间在语言和行为上相互平等、相互理解和融合、双向互动、主动对话的交往特点和关系。

问题3:合作学习的理念是什么?

以学习者为中心;互帮互学,共同进步;尊重与平等参与。

问题4:什么是合作学习?

合作学习是以共同的目标为基础,以一种小组形式进行的教学策略,组员之间互相帮助,以实现共同提高和成长。合作学习既是一种教育理论,又是一种教学方法或策略。

从不同的视角,可以对合作学习作出不同的界定:

1. 教师"教"的角度:学生之间在学习过程中的合作则是所有这些方法的基本特征。合作学习是指在教学过程中,以学习小组为教学基本组织形式,教师与学生之间、学生与学生之间,彼此通过协调的活动,共同完成学习任务,并以小组总体表现为主要奖励依据的一种教学策略。在合作课堂中,学生之间会相互帮助、相互讨论、相互争辩,评价他人的观点并理解他人的观点。

2. 学生"学"的角度:合作学习是一种以异质小组为主的学习共同体,旨在促进不同程度学生在小组内自主合作探究学习,共同实现学习目标,并以小组的总成绩为激励依据,全面促进学生知识、能力、情感、态度、个性和谐发展的学习创新体系。它是以合作学习小组为基本形式,系统利用教学中动态因素的互动,促进学生的学习,并以团体成绩为评价标准,共同达到教学目标的教学活动。

3. 学习"环境"的角度:合作学习是指学生为达到一个共同的目标在小组中共同学习的学习环境。

问题5:合作学习的目的是什么?

促进学生健康成长;提升学生的学习成绩;培养学生的团队精神;激发学生的学习动机;培养学生的动手能力;减少学生的个性差异。

问题 6：合作学习中的合作基于什么条件？

共同的目标、共赢、互补。

问题 7：合作学习有哪些要素？

1. 积极的互赖关系。设计小队名，设立学习目标，建立积极相互依赖的学习目标（每个小组的共同目标及组员的奖赏），建立一种积极的相互依赖的角色等。

2. 面对面的促进性交流交互作用。小组的成功在于组内每一个成员的相互合作以及组员的成功，每一个组员要很好地了解和学习教材，不能随意搭便车。

3. 社会技能。在合作的过程中产生争议是无法避免的，教师必须教导学生相互之间要了解和信任、清晰地进行沟通、相互接纳和支援。

4. 团体合作历程。给予学生适当的时间和历程，用于分析小组的运作及使用人际技巧的情形，并强调自我反省和检查的重要性。

问题 8：合作学习的原则是什么？

积极互依，个人尽责；组间同质，组内异质；组间竞争，组内合作。

问题 9：合作学习的特点是什么？

主要特点是：以小组的方式进行；采用异质分组；积极的相互依赖；强调个别负责和集体责任；均等成功机会。

一般特点是：共同成长是目标；自主学习是前提；团队合作是关键；共同探究是形式；表现评价是保障。

问题 10：合作学习的优势是什么？

体现学生的主体地位；提高学生的学习效率；促进学生全面发展；培养学生的社交技巧；提升学生的领导能力。

问题 11：合作学习的局限是什么？

教学的大部分时间回归给学生，教师把握课堂具有一定的难度；学生的学业水平和性格有差异，组织合作学习需要大量的前期准备；合作学习需要留给学生讨论与思考的时间，时间掌控上会有难度；合作学习需要一定的空间和适当的人数；会造成群体思维。

问题 12：传统学习与合作学习有什么区别？

合作学习虽然从古代就有，但是它与传统教学也存在着不同的地方。

传统学习	合作学习
同质分组或随意分组	异质分组
无相互依赖	积极的相互依赖
强调个人的责任	强调小组和个人的责任
只重视个人绩效	团体及个人绩效均重
指派式领导	分担式领导
只强调工作	强调工作和关系的维系
教师忽略小组运作	教师观察及介入其间
无团体历程	发生团体历程
只能以完成工作作为奖励	强调各司其职,持续改进

问题13:合作学习与个别学习的区别是什么?

个别学习是一种利己但与他人无关的学习方式;个体目标与团体目标是分离的;个体之间是一种相互独立互不干扰的状态;关注自身的进步;寻求的是对自身有益的结果。

合作学习中,团体成员会有一个共同的目标;成功的标准是所有的成员都达到目标;团体成员之间形成的是一种积极的相互依赖的关系;是一种荣辱与共的存在方式。

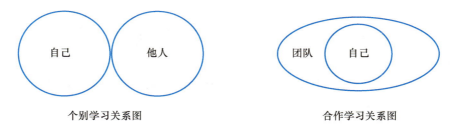

个别学习关系图　　　　　　　　合作学习关系图

问题14:合作学习与竞争学习的区别是什么?

	竞争学习	合作学习
与同伴之间的目标:	具有对抗性	具有一致性
成功建立的基础:	建立在他人失败的基础上	建立在整个团体成功的基础上
与同伴的关系:	消极对抗的关系	互帮互助的关系
学习情境:	损人利己	荣辱与共

问题 15：如何处理好自主探究与合作学习的关系？

自主探究学习指学生主宰自己的学习，在学习的过程中有主动而积极自觉的学习行为，它表现为学生强烈的求知欲、主动参与的精神与积极思考的行为，其重要特征是已具备了将学习的需要内化为自动的行为。学习目标是由学生自主确定，问题自主解决，知识自主感悟，方法自主探究。

合作学习指以共同的目标为基础，以一种小组形式进行的教学策略，组员互相帮助，实现共同提高和成长。在合作学习中，团体成员会有一个共同的目标，成功的标准是所有的成员都达到目标，团体成员之间形成的是一种积极的相互依赖的关系，是一种荣辱与共的存在方式。

自主学习基础上的合作交流，是在任何教育体系中都应该遵循的有效的学习方式。在个体自主学习的过程中会遇到一些问题，当自己不能独立解决时，就需要寻求他人的帮助。在合作学习的过程中，需要分工协作，共同探究，共同解决问题。

问题 16：合作学习的类型有哪些？

一般来说，可以将合作学习分为四种类型：师生之间的合作；生生之间的合作；师师之间的合作；全员合作。

问题 17：合作学习有哪些主要的方法？

在合作学习中，根据课堂教学和学生情况的不同，可以采用多种方法，主要有 13 种：

1. 小组成就区分法（STAD）：全班授课；小组学习；个别小测；计算个人进步分；小组表扬。

2. 小组游戏竞赛法（TGT）：全班授课；小组学习；游戏竞赛；小组表扬。

例：（1）TGT 学生竞赛桌安排

（2）TGT 能力系统的再安排

小组游戏竞赛法最适合用来教导有完整定义、单一正确答案的教材，如教学运算及应用、语言用法、机械学、地理及作图技巧、科学概念。特点是以学科游戏竞赛代替随堂考；以能力系统代替进步分数。

3. 拆拼法第二代（Jigsaw II）：全班授课；分组学习，包括成立原始小组，分工学习任务，到专家小组讨论；回原小组报告及讨论；个人小测；小组表扬。

4. 发言卡（Talking Chips）：在讨论时，每个组员均获发相同数量的卡片；当一

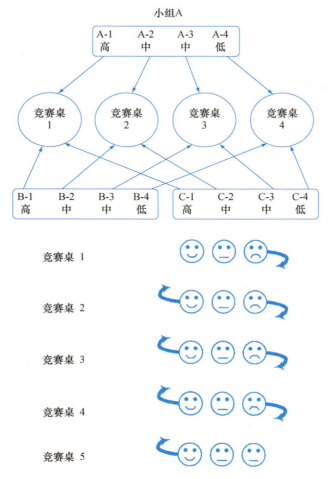

个组员想发表意见时,需先将其卡放于桌上;卡片用完则不可再发言;当各人所有发言卡用完后,每位组员再获发相同数量卡片;组员可继续将其卡片放于桌上,然后发表意见。

例如,各组运用"发言卡"讨论某篇课文或某个主题,然后回答事先准备好的若干问题。再如,利用发言卡讨论以下问题:利用小卡帮助进行讨论有什么好处?

5. 数字头（Numbered Heads Together）:教师给小组中每一位组员一个号数;提出问题;组员一起商讨可能的答案;教师随机说出一个数码;所属数码的学生便需举手;教师从中选一个学生或多个学生作答;教师给予反馈;学生答案正确,可为小组赢取一分。

例如,以 Numbered Heads Together 方式提问,最大的好处是什么?

6. 相互核对(Pairs Check):四人分成 A、B 两组,二人一组完成工作纸。A 组和 B 组的甲先做工作纸的上半部,乙则核对甲的答案。如乙对甲的答案无异议,便应称赞对方。然后二人交换角色,乙做工作纸的下半部,甲则核对乙的答案。完成后,A、B 两小组互相比较答案。

最后教师和全班一起核对答案。

7. 小组带字(Team Word-Webbing):每个小组一起创作一个概念图;给每个组员一支不同颜色的笔;每个组员轮流为主题写出子题及有关的细项。

例:健康生活概念图

8. 思—写—讨—享(Think-Write-Pair-Share):教师提出问题;先各自独立思考,并把答案或意见写下;然后二人一组,互相向对方讲出你的答案或意见并作简短讨论;最后向全组学员分享讨论的结果。

9. 三步采访(Three Steps Interview):四人分成 A、B 两组,每组二人(甲、乙);甲成员先访问自己的乙成员;然后乙成员访问自己的甲成员;最后四人轮流跟组员分享访问所得;例如,以三步采访法采访组员对下面问题的看法;你是否赞成学校

采用合作学习？为什么？

10. 六六讨论法:是以头脑风暴的方法(脑力激荡法)为基础的团体式讨论法。将大团体分为六人一组,只进行六分钟的小组讨论,每人一分钟,再回到大团体中分享及作最终的评估。

步骤如下:

(1) 选定题目:制定讨论主题。

(2) 分组:六人一组,人数可以根据不同的情况具体设定。

(3) 任务分配:推选小组的组长与记录员或者发言人。

(4) 静思:静思一分钟。

(5) 发表:每人发言一分钟。

(6) 归纳:发言人进行总结。

(7) 报告:各组分组上台发言进行汇报。

11. 团体探究法:可以依据主题搜集、分析、综合资料;学生自行依照有兴趣的次主题分组;学生分工从事资料搜集、分析、归纳并参与讨论,交换意见;小组成果汇报准备;小组向全班发表报告(可以采用不同的创意方式,如短剧、猜谜、短剧、角色扮演、口头报告);师生共同评价。

12. 小组协力教学法或小组加倍学习法:结合合作学习和个别化教学,先实施个别化学习后,再进行合作学习;每一组混合了各种不同能力的成员;以合作学习团体奖励结果来解决个别化教学中的问题。

操作步骤如下:

(1) 组成异质小组;

(2) 提供个别化练习题;

(3) 组内同学交换批阅;

(4) 指导小组研究;

(5) 对小组成员进行形成性评价;

(6) 表扬小组或个人。

13. 共同学习法(最简单,可以广泛使用):选择适宜的主题和叙述具体的教学目标;进行异质分组;妥善安排学习教室或者其他的学习空间;适当分配教材及学生角色;解释作业任务,以单一的共同作品或一篇报告作为小组共同学习的材料;

随时观察;教会学生合作行为的技巧;综合复习学习的内容;最后实施评价。

问题18:合作学习是否有固定的模式?

一般来说,合作学习是没有固定的模式的。但要成功地开展合作学习,需要在以下几个方面下工夫:做好课前准备工作,教学用具要备齐(比如,小组牌、角色卡、小组板、多色笔、练习纸、检测纸、任务单等);明确学习的内容与任务;规则的指导;角色的分工;交流与分享;积极的反馈评价。

问题19:合作学习是否适合于所有年级的学生?是否适合于所有学科?

合作学习作为一种教学思想或教学策略,适合于所有年级的学生,也可以运用于所有的学科。

一般而言,随着学生年龄的增长,独立学习能力的增强,群体交往意识的提升,合作学习的实施效果会更好。

合作学习适用于所有学科,教师可以根据学习目标的要求,选择合适的合作学习方法。合作学习方式适宜于较为复杂或较高层次的认知学习任务,适宜于绝大多数的情感、态度、价值观的学习任务,尤其适合于侧重人际独立自主品质和合作能力培养的教学。

问题20:小组合作形成的标志是什么?

在小组合作学习中,学生只有在一定规范的支配下才能提高合作效率。合作学习的进行需要形成一定的小组间合作,小组间合作形成的标志主要有:

1. 相互依赖关系的形成。相互依赖关系是指小组成员之间形成一种积极的相互关系,每个成员都意识到自己是小组中的一员,与其他同伴荣辱与共,对其他同伴的学习负责。当小组内部形成相互依赖关系时,学生会紧坐在一起先后讨论学习任务并且彼此鼓励;当小组内部缺乏相互依赖关系时,他们往往会各自为政而忽略他人的存在,所讨论的可能不是学习任务,或者讨论不能深入。

2. 个人责任制度的确立。所谓个人责任,是指合作小组中的每一个成员都必须承担一定的任务,这主要是为了避免能力强的学生代替其他学生完成学习任务。为了鼓励小组成员能积极参与小组活动,教师可以针对课堂中常出现的一些问题加强合作技能的训练,并通过一些规则规定每一个组员的个人责任。为保证责任到人,教师可以采用随机提问,个别测试可以采用综合评定等外力加以规范。

3. 合作技能的生存和培养。合作技能是小组合作学习的重要条件,是关涉小组合作学习成效的一个重要因素。小组合作技能不是与生俱来、自然发展的,它与其他技能一样,离不开后天的培养,有计划的训练与实践。

问题21:实施合作学习应该事先注意的事项是什么?

1. 合作学习的目的让学生学会学习、学会合作、学会做人。

2. 教师在引导学生参与小组合作学习的时候,若有性格内向、不善言谈、反应慢的学生,教师要积极地为这一类学生创设条件,给他们大胆发言的时间和空间。

3. 当讨论的问题提出之后,教师先让学生进行独立的思考,让学生产生自己的观点后再进行讨论。

4. 小组的发言代表要轮流担任。

5. 小组长要轮流担任,争取让每一位学生都有表现自我的机会。

6. 教师要有意识地引导学生之间相互尊重、相互倾听,避免学生片面维护本组观点的小团体意识等问题。引导学生在平等、民主的交流中融洽地合作。只有这样才能引导学生深入地讨论问题,展现小组合作学习的成效,使学生在合作学习中学会合作。

7. 合理运用评价,鼓励学生参与小组合作学习,对小组合作学习的评价起着重要的导向作用。

问题22:在合作式学习中,当其中一个小组提前完成任务,其他小组还在进行,如何来"约束"这个小组学生的行为呢?

合作学习课堂的管理主要应发挥两个要素的功能:

第一,建立一种以小组为基础的积极奖励制度。在课堂上,教师如果对出现自己所期望的行为(如听从教师指导等)的小组给予关注,其他小组就会很快地效仿教师所关注的小组。有研究表明,如果教师对不期望的行为,诸如擅自离座、交头接耳等给予关注,那么这些不良行为就会增加,即使教师严厉地批评了擅自离座的学生,其他的学生还是会模仿这种行为。因此,在合作课堂中,教师对那些有消极行为的小组可以不予理睬,而对那些认真执行任务的小组给予特殊认可,以促使所有小组都能集中精力进行合作学习。另外,教师还应该向全班解释模范小组之所以得到特殊认可的原因,并将之记录到班级认可表中。

第二,教师要给予学生明确的期望。教师事先应清楚地向学生表明必须遵从课堂行为规范及哪些行为是倡导的。可以采用以下技巧:零噪音信号法;小组表扬;特殊认可简报;特殊认可仪式;奖励额外时间等。

问题 23:合作学习分组的原则是什么?

小组合作学习的分组技巧非常重要,关系到合作学习的效果。在进行教学的过程中可以根据就近原则、分层原则、自主原则进行异质分组,同样也可以根据学生的性别、学习成绩、能力差异、家庭背景、性格、脾气等差异进行异质分组。

1. 就近原则。小组合作学习的开展,首先要给学生创设合作交流的氛围。就近原则就是将学生按照临近的情况把学生分为 4—6 人为一组,将桌子拼在一起,学生围坐,创设交流合作的环境。每个小组的学生数不能太多,否则学生之间的距离就会较远,不利于小组成员之间的讨论;但是人数也不能过少,成员之间的合作面就会很窄,影响合作质量。分组的情况可以根据班级人数而定。

2. 分层原则。在分组前教师要调查学生的基本情况,根据学生的现有知识水平、学习能力、组织能力、交流合作情况包括品行等方面进行搭配。通常每个小组优秀学生 1—2 人,中间学生 2—3 人,后进生 1—2 人,有意识地分层次搭配,发挥各层次学生在小组合作中的互补、带动、吸收、感化等积极作用。

3. 自主原则。分组时根据个别学生的实际情况,可以让学生选择学习伙伴,自主地组建合作学习小组。这种尊重学生意愿的做法,利于培养学生良好的情感体验,使其对学习充满兴趣和信心,激起学生的参与热情。

问题 24:什么是异质分组?什么是同质分组?

异质分组是将具有不同性格特征、具有不同学业水平以及不同性别、不同兴趣爱好的学生组合在一起。通俗来讲,就是将不同类的学生分配在一起组成学习小组。同质分组是将性格特征、学习水平、爱好兴趣一样或者性别相同的学生组成一组。

问题 25:合作学习中的小组几人最佳?

一般而言,2—6 人小组是最佳的情况:

2 人小组,$1 \times 2 = 2$ 种互动

3 人小组,$2 \times 3 = 6$ 种互动

4 人小组,$3 \times 4 = 12$ 种互动

5 人小组,$4 \times 5 = 20$ 种互动

6 人小组,$5 \times 6 = 30$ 种互动

7人小组，6×7＝42种互动

小组人数过多，意味着：时间消耗更长、倾听难度加大、偷懒机会增加、发言机会减少、管理难度加大、达成共识难度更大。

因此，建议：从2人合作开始，一般不超过4人。若小组过多，可减少集体交流小组数量；如果教室空间太小，把小组变成前后桌合作；在小组活动中，教师深入小组观察，了解小组讨论状况。

问题26：合作学习中教师应全体巡视还是蹲点一个小组？

在合作学习的过程中，每一个小组之间的讨论情况是不一样的，教师需要全体巡视。在讨论学习的过程中，教师发现有的小组讨论比较独特或者出现问题时，需要进行蹲点一个小组。待所有小组问题讨论完毕，教师要以组为单位，将学生讨论的结果进行展示，所有小组成员共同进行分享。

问题27：如何安排小组合作学习的座位？

可以根据教学目标的要求和教学方法的差异确定不同形式的学生座位，一般来说，合作学习座位安排的原则是：让学生有机会看到学生；便于学生之间的互动与交流；方便教师倾听；减少小组讨论声音的相互干扰；深度对话的需要；方便教师环视全班。

例：（1）马蹄型、梅花型、半圆型等，可以依据学生人数和场地大小来进行分配。

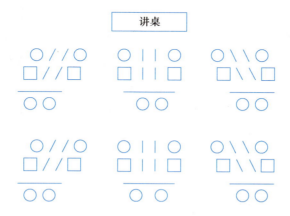

（2）∏字型。

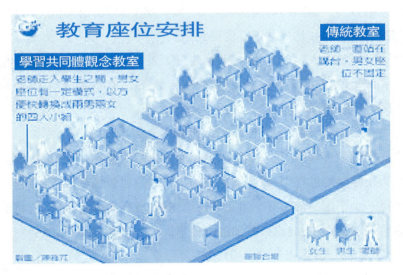

问题 28：合作学习中如何更好地分配角色？

在合作学习过程中，教师要做到"由扶到放"的过程。教师需要提前指定成员角色，学生能较熟悉把握之后，教师可以由学生自主自愿地来担任角色。这个过程即是"指定—自主—轮流"。每个小组成员都应积极承担并完成共同任务中个人的责任，最好每一位学生都被指定担任一种特定的角色。

合作学习的角色有：小组长、发言员、记录员、激励员、记时员、监督员、追问员等。小组长是领导者，引导小组活动，确保组内的每个责任人按时完成任务。成员可以根据学习的要求和任务分配的需要分为不同的角色。小组成员可以担任激励者，激励所有的小组成员参与活动，要求大家各抒己见。小组成员还可以担任记录员，分发一些学习材料、记录组内讨论的结果以及组内成员的分工和完成情况等。小组成员还可以担任检查员，负责检查每个成员的学习进度和掌握程度等。不管组内的成员担任什么角色，小组成员都要合理进行分工，相互之间支持配合，形成一种面对面的促进性互动。

问题 29：小组长的职责是什么？

小组长的推选是分组的重要内容。很大程度上，小组长决定一个小组合作学习的成效。我们在进行小组长推选时，通过自荐和小组成员推选两种方式。小组长主要负责组织学习讨论、维持学习秩序、学习评价与反馈等。在学习过程中如果小组长组织能力不够的话,教师可以进行培养或者更换。在小组合作学习的学习习惯养成以后,小组长可以采取轮流担任,让每一个学生都有锻炼的机会。

问题30:小组成员中有不发言的情况怎么办?

一是建立激励机制,通过奖励的方式鼓励学生发言。

二是教师变换不同的方式进行提问,如:小组推选发言人;组长选出发言人;教师点名;组内成员轮流回答;组间成员挑选发言人。

三是培养学生回答问题的自信心。

四是对于实在不愿意回答问题的学生进行课后沟通,并找清楚原因。

五是教师需要培养小组成员的团队意识。

问题31:合作学习中,如何培养学生独立思考的意识?

合作学习中,需要同伴之间相互讨论、相互学习以及相互校对作业等,但是也会出现个别学生缺乏独立思考,一旦遇到问题就尝试和别人讨论,依赖别人的学习习惯,使自己在独立分析解决问题的能力方面受到极大的影响。因此,合作学习中培养学生独立思考的意识非常重要。教师要切实增强学生的问题意识、探究意识和反思意识。

一是增强学生的问题意识。在教学过程中,教师要保护学生提问的积极性,鼓励学生敢于质疑问难,并创造条件让学生发现问题。例如,创设情境,让学生提出问题;开展各种活动,让学生在活动中提出问题等。

二是增强学生的探究意识。探究是实现有效学习的重要方式,探究性学习就是在教学过程中创设一种科学的研究情境和途径,让学生通过主动探索、发现和体验,学会对大量信息进行收集、分析和判断,提高学生的思考力和创造力。

三是增强学生的反思意识。反思是多样的:对知识学习过程的反思,对学习方法的反思,对操作过程的反思,对学习效果的反思等。

问题32:如何确定小组合作的主题?

教师可以根据自己的学习内容来安排合作学习的主题;可以让学生搜集感兴趣的内容组织合作学习;可以根据学生之间发生的事情组织合作学习。

问题33:合作学习中,如何激励个别学生的游离状态?

首先,教师要分析导致这一问题的真正原因。教师与学生单独谈话,看他们为什么没有参与,是学生懒散还是教师设计的问题让学生不感兴趣。如果是前者,那么可以通过缩减小组的规模进行解决。小组的成员越少,每个人参与的机会就越多。

其次,教师应该注意座位的安排,均匀地安排座位能鼓励每个学生积极参与合作。教师可以统计学生的发言次数并坚持由每节课发言次数最少的学生负责写本节课的课堂备忘录,这样不断弥补了该学生发言次数少带来的损失,也对他发言次数少做了提醒,同时为一周的总结提供了材料。

最后,提醒学生学习怎样与他人合作,进行更多的班级和小组共建活动,在班级内创造更多的团体的感觉。也可以给那些不愿意参与的学生有目的地布置一些任务,让他们尽自己的能力完成任务。例如,可以给那些不善于言谈的学生布置一些需要说话的任务,给爱说话的学生布置一些只需要听的任务。

教师要创设涉及多种才艺的任务,使所有的小组成员都有机会进行展示。

如果是教师方面的问题,教师应该注意涉及合作学习问题的技巧,使问题更加具有趣味性、实效性和层次性,使每个学生都有适合自己的学习问题。

问题34:怎样准备小组合作学习的任务?

学习任务的分配,有三种方式:给予每组相同的学习任务,组内成员共同探讨相同的内容;把学习任务分成不同的次主题,给予每组不同的学习任务;每组给予相同的学习任务,组内成员分别承担不同次主题的任务。

问题35:如何分配学习材料?

分配学习材料有三种方式:一人一份、两人一份、一组一份。为了提高课堂教学的效率,也可以训练学生分发材料的技巧。

问题36:合作学习中如何组织学生发言?

在合作学习中,教师要求各组的组长对组内的每一个成员的角色进行分工并加以明确,组内的每一个成员都要明晰自己的责任。各组都要有发言人。组内的发言人员不能固定,可以轮流发言,也可以是小组推选出思考问题深刻的学生。教师可以采取一定的小组奖励机制,鼓励学生发言。总之,不能将发言人固定为一个人。

问题37:如何很好地把握小组讨论的时间?

1. 规划时间分配,事先向学生说明。
2. 使用钟表计时。

3. 语言提醒:现有还有几分钟,应该做什么?请把握好时间!

4. 采用三色牌(绿、红、黄)进行翻牌子的做法。绿色牌代表的是学生已经掌握了相关知识的学习;红色牌子代表学生没有掌握;黄色牌子代表学生还在讨论中。教师们看到学生举起的牌子就会很好地把控时间。

问题38:如何让学生互相帮助?

合作学习最主要的方面是培养学生的相互合作学习的精神和能力,因此,帮助其他同学共同进步也是合作学习的理念之一。教师要引导学生之间的团队意识。教师在提出问题的时候,尽量让小组内的每一个成员都有事可做,并让他们明白他们是一个整体。合作学习结束之后,教师要适当地给表现较好的小组或者团队以鼓励表扬或者一定的奖励。

学生互相帮助包括主动帮助别人;愿意接受别人的帮助。

语言表达:你需要帮忙吗?我来帮你!你需要什么样的协助呢?可以帮帮我吗?我需要协助。

问题39:如何让学生学会倾听?

肢体前倾靠近组员;目光看着发言的人;不随意插嘴;微笑或点头表示听懂。

语言回应:喔,嗯,是的!我懂!

问题40:如何成功地让学生分享经验?

相互交流观点或经验;相互分享材料;相互分享角色,体验不同的学习方式;课堂内外的合作要相结合。

问题41:如何引导学生之间进行相互鼓励?

面带微笑;点头赞许;眼神接触;竖起大拇指。

语言表达:你的意见很棒!这个想法很有意思!听起来很有趣!我没有想到这一点。

问题42:合作学习有哪些成效?

提高学习成绩;提高学习动机;增强自尊与自信;加强学生的动手能力;提高学生的自学能力;提升学生的语言表达能力;增强学生的团队合作意识。

问题43:如何建立有序的小组合作常规?

营造民主平等、轻松愉快的合作氛围;制订学生合作学习的目标;合作学习的任务要难易适度;选择合适的合作学习内容;培养学生合作学习的技能;教师的调控和指导要适当。

问题44：合作学习对教师提出的挑战有哪些？

合作学习是一种新的学习方式，因此对教师提出较大的挑战：

一是教育观念的转变，要求教师树立新的课程观、学生观、教学观、评价观；

二是教学行为的改变，要求教师学会理解、学会宽容，注重帮助和引导、学会反思，学会合作；

三是角色的转换，要求教师成为学生学习的促进者和引导者，成为研究者和课程的建设者、开发者。

问题45：合作式学习在实施过程中具体需要注意些什么？

合作学习开始前，明确学习任务，发放任务单、导学案等。注意如何分组、组员角色的分配、座位的编排等。

合作学习过程中，教师的指导语要清晰，要在小组间巡回指导，了解合作的情况，搜集学生资源，掌握小组学习讨论的次数与时长等。可以尝试让学生翻动三色牌来反馈学习的进度，翻绿牌意味着完全掌握，翻黄牌意味着部分掌握，翻红牌意味着学习出现了困难。

合作学习后，教师根据学生的反馈进行总结、引导以及评价、奖励等，鼓励学生的自评和小组之间的互评，教师让学生展示学习结果，汇报结果。

问题46：在合作学习中教师的角色是什么？

教师的角色可以根据上课前、上课中和上课后来进行定位。

1. 教学前的角色：选择教学内容；设计教学目标；选择适用的教学策略；决定分组方式与小组人数；安排教室空间。

2. 教学中的角色：介绍学习任务与学习目标；讲解合作方式与规则；强调积极互赖；提醒个别责任；解释成功标准；说明期待的合作表现；掌握学生的学习情况，适时介入。

3. 教学后的角色：评价小组合作学习的成效，包括小考成绩，书面报告，展示汇报等；小组表扬，即对表现好的小组进行表扬；自我反思，包括什么方面做得好，什么方面做得不好，下次如何改进。

问题47：在小组合作中，教师的奖励机制有哪些？

在小组合作学习中，教师应对学生进行言语激励，鼓励学生大胆表达，参与合作;后进生在教师或者组员的帮助下积极参与课堂活动,教师用言语或者奖品给予奖励;组间采用竞争机制,在最后总结时评比出优胜组,教师给予言语、鼓掌祝贺以及拥抱、礼品等奖励。

问题 48：在合作学习开展之前,教师课前的准备是什么?

教案设计准备;教具准备;对学生情况的提前熟知;人员分组准备;分配任务;分配组内人员角色。

问题 49：学生如何汇报每组的讨论结果?

学生之间推选一名发言人;教师可以根据小组讨论情况指定发言人;小组内成员提前进行分工合作,预定发言人。

问题 50：教师如何组织学生进行讨论?

教师提前合理分配学习任务;教师合理分组;教师要留给学生独立思考的时间;教师抓住讨论的时机;让学生学会自我反省;教师大胆放手。

问题 51：合作学习中,学生之间如果不互相合作或者是组员之间闹情绪,教师该怎么去解决?

教师要善于观察学生的行为表现,若组员之间闹情绪,教师要提前与学生进行沟通,帮助学生消除隔阂。在合作学习过程中,教师要帮助学生明确学习任务,合理分工,互相合作,共同解决问题。在小组构建之后,教师要适时指导,培养学生宽容他人的品德,使学生能够互相理解,相互包容,创设小组和谐的氛围。

问题 52：合作学习结束之后,教师如何对讨论的结果作总结?

对本次的合作学习的整体情况作出适当的评价;对团队成员的表现作出说明,并对表现较好的团队给予表扬;对任务提前完成或者出色完成的给予奖励;对合作学习中出现的不好的情况给予批评并加以引导;对学生的下次表现提出期待。

问题 53：合作学习评价的特点是什么?

1. 评价主体的扩大。以往的教学评价,大多是由教师个人对学生评价,很少有学生作为评价主体进行的教学评价。然而,作为合作学习的直接参与者、体验者、实践者,学生对合作学习活动有着最直接、最深刻的感受和体验。因此,他们有评价、判断、分析、建议的责任和义务。让学生参与评价,不仅体现了以学生为主体的教育理念,而且更有益于营造一个自由、民主与平等的评价氛围,更有助于保护学生的自尊心,提高其自信心,获得可持续发展的动力。要使学生评价真正发挥其作用,关键在于教师要学会认真倾听学生的评价,要尊重学生的评价意见,让学生敢于说真话和实话,真正实现与学生的心灵对话,确保评价信息的准确性和有效性。当然,这并不是否定教师在评价中的作用,教师仍然需要对合作学习适时适度地评价。

2. 评价方式的多元化。合作学习的评价方式应追求多元化,将教师评价、小组互评、学生自评和组间互评等融于评价体系之中。

3. 评价依据的广泛性。新课程要求评价做到"知识与技能""过程与方法""情感态度价值观"三方面的整合,合作学习"在教学目标上,注重突出教学的情意功能,追求教学在认知、情感和技能目标上的均衡达成"。对合作学习的评价,要突破传统课堂教学中只注重结果的单一评价模式,呈现出多维交叉、有机融合的特点。教师的评价依据不能仅限于知识目标,还包括能力目标及情感目标。例如,"学生是如何合作的""合作中遇到哪些困难及他们是如何解决的""合作表现出的态度和行为""学生讨论中出现争论"等,这些信息是最好的评价资源,通过对这些资源的进一步分析和利用,能够更好地达到促进学生合作学习的作用。对于评价依据的制定,教师可以让学生自主设计。通过制定、集体讨论、分析、最后确定的过程,可以让学生学会评价,而且设计评价依据的过程,本身就是一种合作学习解决问题的方法,有助于使原本不熟悉合作学习的学生迅速理解合作学习的内涵,对自己和他人在合作学习中的表现有一个清晰和明确的预期,这种积极的学习体验对其他的学习过程同样具有价值。

注意事项:在日常学习的过程中,教师要关注学生在学习过程中的每一点进步,及时对学生进行口头评价和反馈,让学生能够及时得到教师的赞美,从而使他们对合作学习产生兴趣。

问题54:如何更好地评价合作学习?

合作学习的评价,改变了传统的"一把尺子""统一标准"的评价模式,而是将小组成员共同努力的成果作为评价标准,促进了组内互助、合作气氛。这种评价模式让学生明白:只有小组的成功,自己才能获得成功的道理。在对个人进行评价时,改变了根据个人成绩的高低进行评价和奖励的原则,而是针对每个学生在合作学习中的不同表现、不同特点,采取不同的评价方式、评价角度和评价标准。

1. "形成性评价"和"终结性评价"相结合

合作学习研究者强调,要关注小组合作探究知识的过程,注意"形成性评价"和"终结性评价"相结合,尤其应把教学评价的重心放在改进教学和提高学习兴趣的"形成性评价"上。由于学生的情感发展是一个较长的隐性积累的过程,因此,要了解合作学习促进学生情感发展的这一教学目标的达成情况,形成性评价更具有参考价值。通过这种评价,给教学提供有意义的反馈信息,以便教师及时采取措施,促使每个学生都达到教学目标。

2. "差异性评价"和"整体性评价"相结合

要关注学生间的差异,注意把差异性评价和整体性评价相结合。在评价合作学习时,要将小组整体的成绩作为评价基础,但也不能忽视对小组成员个体的评价和奖励。教师应当认识到每个成员之间的差异性,小组合作学习只是一种形式,其最终目标还是为学生个体的全面发展服务的。所以,教师在实施评价时,应该将差异性评价和整体性评价紧密结合起来,关注整体的同时,也要兼顾个体,以发展的观点去评价每一个学生,激发学生的学习热情,尤其要让后进生找到自尊,找回自信,让他们经常得到满足、快乐、积极、稳定的情绪,洋溢着创造的激情和进取的动力。例如,对个体进行分层次评定,即优等生与优等生一起分组评定,后进生与后进生一起分组评定,中等生与中等生一起分组评定。评价指标可以有所不同,各层次个体评定等次相同的得分对小组总体评定的贡献相同,这样可以使后进生对小组评定的贡献与优生相同甚至大于优生,使全班学生无一例外地受到奖励,取得进步,并由此走向成功。对小组内另外3位成员进行评分(5分制),将分数写在纸片上。最后统一交给记录员,由记录员统计并公布每个人的得分情况。

问题55:教师如何对合作学习进行评价?

教师评价作为一种常见的评价方式,在合作学习中,也发挥着它独特的功能。教师评价关注的不仅是学生知识目标的达成方面,而且包括对学生的情感、技能方面的评价。在对个别学生进行评价时,应体现"人人进步"的理念,将目标定位在学生进步与提高上,只要比自己过去有进步就算达到了目标。在对小组评价时,教师需要以小组的整体成绩为评价依据,同时也应关注每个学生的具体表现,主要包括参与是否积极、合作是否友好、是否认真完成自己负责的工作等方面,目的是让学生了解自己在小组活动中的表现;在组与组之间进行评比,看一看哪个小组的活动开展得最好,哪个小组的学生最积极,对于合作学习中不善于合作的学生,注意引导他们养成良好的合作学习的习惯等。列举几种教师评价的方法:

1. 口头评价

口头评价具有语言短、速度快、方式灵活、见效快的特点,能够让学生在极短的时间内获得成功的体验,在评价中激励他们的学习,在学习中增加学习的兴趣。

2. 记录评价

教师可以利用积分簿,对那些表现好的、有进步的学生进行记录加分,对学生的作业、竞赛成绩记录加分,这样利于调动学生学习的积极性。例如,我们给在小组合作学习中表现好的学生加 1 分,表现优秀的小组长加 2 分,能够获得最佳创意、设计、绘画、剪贴等奖项也可适当加分。这样让每一个学生都可以借这个机会发挥自己的特长,都会有获得加分的机会。教师通过这种记录加分的方式来关注学生的发展过程,并找到学生之间不同的差异性,更加激励学生参与小组合作学习。

教师在评价的过程中,最好将日常评价、阶段评价、期末评价有机结合起来,引导学生将学习的过程和学习的结果看得同等重要。例如,在评价的时候,可以将期末总成绩分割四块:总分为 100 分,日常表现占 10 分,作业竞赛占 20 分,单元测试占 20 分,期末考试占 50 分。教师将这些评价实施后,得出评价结果的时候,教师要及时向家长反馈,引导家长将学习过程和学习结果并重。

问题 56:小组互评如何操作?

小组互评是合作学习评价的一个重要方法,也是合作学习的优势和特色。同伴之间的相互评价,让每一个学生都成为评价的主体,更能促进学生主动参与合作的积极性。因此,教师应定期地组织学生开展小组互评。在小组互评时,给予适当的指导,使评价呈现出多面性,既有对进步的评价,也对不足的方面提出友好的意见和建议。以某教师在合作学习中设计的小组互评项目为例,具体操作步骤为:在学生合作学习完毕后,教师让每位学生准备一张纸片,根据个人评价项目来进行互评。互评内容为:主动参与了小组合作的全部过程;认真倾听每位成员的发言;积极思考,提出了有用的观点;表达观点时,语言准确清晰、有条理;努力完成自己承担的那部分任务;对合作任务的完成做出了贡献。

问题 57：如何更好地进行小组自评？

让学生个体进行自我评价，不仅是对自己的认识、肯定，更是一次很好的反思过程。学生通过反思合作学习的过程，认识自己在小组中的地位，明确自己的责任和对小组其他成员的依赖程度，找出自己不足之处，为下一次更好地参与合作学习作好准备。同样，教师通过学生的自评，了解学生的情况，并相应地改变自己的教学设计。自评可以是口头形式，例如，一位教师，在组织完一次大型的合作学习后，特地利用一堂课，让学生充分交流自己对于该次合作的感受及对自己表现的情况发表看法。此外，也可以让学生通过写日记的方式来叙述自己的想法。还有，教师也可以罗列出自评标准，让学生获得一种直观的感受，以此进行自评。这里教师应当注意学生的隐私权，在学生不愿意透露的情况下，不要强制要求学生告诉分数。

问题 58：合作学习中，组间互评需要注意的方面有哪些？

教师采用组间互评的方式，让小组与小组之间相互评比，看一看哪个小组的活动开展得最好，哪个小组最积极，哪个小组的成绩最突出。通过组间互评，更有助于促进小组成员的小组意识和集体荣誉感。注意的方面如下：

首先，要注重评价主体的多元化。在传统教学的过程中，对学生的评价过去是由科任的教师来完成的。在合作学习中，要求评价是由学生自评、同学互评、小组长评、家长评相结合，最后才是由教师来评。评价主体的多元化使得评价能够更加客观，更加关注学生的全面发展。

其次，要关注学生的课外内容评价。在传统教学中，对学生的评价一般是只重视知识和技能，《新课程标准》要求教师关注学生的学习方法与过程、情感态度与价值观等非学业内容的评价。

问题 59：评价信息的收集和处理该怎样进行？

1. 信息的收集方面：根据"形成性评价"和"终结性评价"相结合的评价原则，评价信息应该包括学习成绩信息和过程信息两个方面。对于学习成绩信息的收集，教师可以通过定期的正规评价，例如测验来获得。而过程信息的获得方法却不同，一方面，教师可以依据学生自我评价、小组互评、学生自评、组间互评等方式来收集信息；另一方面，教师可以自己收集信息。在小组合作学习中，教师通过对小组活动的介入，与学生进行交流等方式收集信息。只有如此，才能保证评价信息的准确性和有效性，才能对学生的合作作出有效的价值判断。

2. 信息的处理方面：教育评价中常用的信息处理方法有直接计数、工具测量与评定等。但是，这些方法并不适用于合作学习。小组合作学习涉及学生的参与态度、责任感、交互能力、任务完成情况等，而这些项目中的多数指标无法直接计数或用工具测量，大多需要采用综合评定的方法。例如，教师可以对评价依据设置相应的等级或分数，在学生合作结束后，对每一位学生和每一个小组的表现和成绩给予相应的成绩。这种方法方便、省时，但是无法精确地了解现状，只能获得一个大致的概念。此外，也可以进行教师与学生之间的互动评价，通过直接与学生和学习小组进行讨论，肯定或提出改进意见。这里，教师应特别重视学生的学习情感，要从促进学生学习的角度恰当地解释评价信息，以增强学生的学习自信心，提高学习兴趣，激发学习的动力。

问题 60：合作学习的参考书目有哪些？

1. 〔美〕杜威：《我们怎样思维》，人民教育出版社 2005 年版。

2. 张敏编：《教师合作学习》，浙江大学出版社 2013 年版。

3. 王坦：《合作学习的基本理念》，载《中国教育学刊》2002 年第 1 期。

4. 刘玉静：《合作学习教学策略》，北京师范大学出版社 2011 年版。

5. 王坦：《合作学习的原理与策略》，学苑出版社 2001 年版。

6. 〔美〕约翰逊：《合作学习》，北京师范大学出版社 2004 年版。

7. 伍新春：《合作学习与课堂教学》，人民教育出版社 2010 年版。

8. Spencer Kagan, Cooperative Learning, Kagan Cooperative Learning, 1992.

9. David W. Johnson, Cooperative Learning in the Classroom, the Association for Supervision and Curriculum, 1994.

10. David W. Johnson, Circles of Learning: Cooperation in the Classroom, Interaction Book Company, 2002.

第九单元　问题式学习 60 问

问题 1：在课堂教学中，为什么学生没有问题呢？

无疑问、不知问、不会问、不敢问。

问题 2：学生在课堂上不发问的原因是什么？

教师传统教学的惯性使然；应试教育的存在；缺乏学生问题意识的良好教育环境和氛围；教学方法的误导；价值取向的错误。

问题 3：当前教师提问存在哪些问题？

教师设问太多；教师提出的问题难度大、过碎；教师提出的问点不准、缺乏力度；教师提问后显得浮躁；教师的提问方式过于随便；教师的提问缺乏有效性。

问题 4：教师应如何解决学生的无问题情况？

教师应该树立正确的问题意识；教师要给学生营造"问"的氛围；教师要交给学生提出问题的途径和方法。

问题 5：如何培养学生的问题意识？

教师要给学生营造一种和谐、愉快的"问"的氛围；教师要创造学生发问的机会；教师通过引导学生"带着问号"学习，来诱发学生提出高质量的问题，并鼓励学生"问得好""问得妙"；教师既要引导学生发问，又要给学生提供高质量的提问范例；教师对学生的提问行为要有明确的要求；教师要将竞争机制引入学生提问中。

问题 6：问题可以分为哪几类？

根据问题的指向性，可以分为开放性问题和封闭性问题。

根据提问的不同目的可以分为控制型提问、无目的型提问、评价型提问、表达型提问、探索型提问、交流型提问。

问题7：常用的提问方法有哪些？

直问法、曲问法、范问法、特问法、设问法、反问法、疑问法、激问法、疏问法、追问法、检查性提问法、评价性提问法、总结性提问法、理解性提问法、铺垫性提问法、研究型提问法、探讨性提问法、发散性提问法、推理性提问法、比较性提问法、开拓性提问法、质疑性提问法等。

问题8：什么是开放性问题？

开放性的问题是没有确定的或标准的答案，其解决的方法存在多种可能性的问题。开放性问题应该具备以下几个特点：

1. 思路开放：强调学生在解决问题时要采用不同的思路，举一反三。

2. 对象开放：不同水平的学生解决问题的程度可以不一样。

3. 方法开放：学生不必遵守固定的解题程序，尝试用不同的方法解决这一问题。

4. 结果开放：对同一问题可以有不同的结果。

问题9：开放性问题的作用有哪些？

开放性的问题鼓励学生从所有的方面去考察事物，并采用各种不同的方法去寻找答案。事实上，对于这类问题，教室里有多少学生，最后就有多少不同的答案和解决方法。这些问题有助于促进学生探索的、综合的、想象的、直觉的和个性的人格养成。这些问题最好能鼓励用复杂的、高水平的思考进行创造性的回答。

问题10：开放性问题对于性格内向或语言匮乏的学生是否具有促进作用？

开放性问题的解决不仅需要通过回忆、分析和运用已有的方法、技能，更需要进行综合评价和创造。课堂教学中对开放性问题的开发和施教，通过条件的不确定性、结论的不唯一性、求解途径的多元性情境，来鼓励学生产生创造性的结论，强化学生的创新意识，并且提倡学生从多种角度、多种形式、多种方式来思考问题。

性格内向或语言匮乏的学生较多是缺乏自信心或者言语锻炼的机会较少造成的，在这种情况下，开放性问题对于他们是具有较大的促进作用的。

问题11：什么是封闭性问题？

封闭性问题是事先设计好备选答案，受访者对问题的回答被限制在被选答案中，即他们主要是从备选答案中挑选自己认同的答案。

问题 12：开放性问题和封闭性问题的区别是什么？

	开放性问题	封闭性问题
定义	没有确定的或正确的答案，其解决方法存在多种可能行性的问题	事先设计好备选答案，受访者对问题的回答被限制在备选答案中，即他们主要是从备选答案中挑选自己认同的答案。
答案	不固定，具有多样性	已固定，类型较少
时间	需要较长时间	较为节省时间
题目限定条件	少	多
回答内容	需要用解释性的词语或语句表达自己的观点，语言文字要求较长	需要用描述性的词语来陈述自己的答案，只需要简单的内容
目的	启发学生思考，培养学生良好的思维能力	检测学生的学习结果
范围	较为宽泛	较窄
立足点	学习者本位	问题本位
常用词汇	为什么、你认为、该怎样、怎么办最好	能不能、对吗、是不是、会不会、可不可以、多久、多少

问题 13：有价值的问题有哪些特点？

趣味性、目的性、启发性、可接受性、层次性、开放性、清晰性。

问题 14：什么样的问题才是有价值的问题？

具有一定开放性的问题；保持一定难度的问题；具有明确的目的的问题；具有针对性的问题。

问题 15：问题设置是越难越好吗？

不是。问题可分为记忆型的、理解型的、应用型的。记忆型的问题难度最低，对学生要求不高，只要能够准确回忆以前学过的知识，并正确地作答即可，不需要理解所记忆的知识，或将所学的知识用于解决问题。

理解型问题需要学生对所记忆的知识进行一定的理解和加工。对这些问题的回答应该能够表现学生对所学知识解释、概括说明的能力。学生要回答这些问题，必须在以前所学知识的基础上对学习过的知识形式加以变化使用。

应用型问题要求学生把知识应用于不同的问题和不同的情境中。它超越了记忆和对知识的转述阶段。应用型问题"鼓励"把新学的材料用于新的不同的环境中,包括将以前学过的知识用于与"真实世界"近似的情境中。应用型问题有助于提高学生灵活运用知识的能力,在应用中让学生亲历问题的解决过程,从而使其尽快形成自动化的知识序列并用于新的问题解决。

问题16:在问题式学习中如何进行"因材施问"?

问题式学习中,课堂提问时要考虑提问内容的难易,教师事先要根据提问对象的年龄、性格、知识基础以及能力水平来设计问题。

不同的年级要采用不同的提问形式。即使是同一年级的学生,鉴于彼此间知识基础和能力水平有限,教师提问的内容和方式也应该有所区别。问题过难,学生回答不上来,时间久了,学生会丧失回答问题的积极性;问题过易,学生不加思考就能回答上来,也不能起到培养学生积极思考的作用。

同时,教师在提问时面对不同的学生要具有针对性。提问要注意广度,挖掘深度,设置坡度,力求精度,并且要注意提问的面,即使在提问个别同学时,也应该注意让其他学生认真倾听。

问题17:课堂中有效提问的要求是什么?

讨论的时间要充裕;引导学生的思考向纵深方向发展;使过程清晰;让学生提问;对学生的回答给予肯定和支持;注意教师自己的用词;尽量让尽可能多的学生都说话;对问题设有适当的限制;及时获得反馈。

问题18:有效问题的进行应注意哪些方面的限制?

1. 时间限制:给学生两分钟的时间讨论话题,然后就进行下一步。学生不必提出全面完整的答案。

2. 答案限制:要求各小组限定讨论范围,最后给出三个最好的答案。

3. 用词限制:告诉学生,他们每人只能用一定数量内的词语(不能多也不能少)来回答问题。

4. 句子限制:要求学生每人针对问题说一句话,轮流一圈,让每个人都有一次发言的机会。

问题19:问题式学习对学生的促进作用有哪些?

促使学生们互相分享在讨论中得到的不同的想法,培养学生语言表达、沟通交流的能力。可以让学生看到一个开放问题所能引出的各个不同的讨论方向,培养学生的发散思维。促使学生学会组织他们的观点,进行深入的思考。

问题 20：当学生回答完问题，教师给予学生评价时应注意什么？

学生答完问题，教师要给予充分肯定，在充分肯定的同时要指出不足之处，并提出期望。切不可对答错的同学白眼相待，讽刺挖苦，也不能无原则地赞美。教师应给每个学生以成功的体验，同时指明努力的方向。

问题 21：追问的课堂教学调控功能主要体现在哪些方面？

让学生知其所以然；让学生换个角度思考；让学生摸着过河的石头。

问题 22：在什么情形下需要使用追问？

学生回答的语言含糊不清时，通过追问使学生进一步调整自己的语言，从而使表意更加明确；学生回答的内容范围不准时，通过追问使学生剔除无用的枝丫，使答问更加准确无误；学生回答的思维深度不够时，运用追问使学生的思维更加深刻；学生回答的内容过于简略、抽象时，运用追问使学生答问表意更加具体充分。

问题 23：设计追问的内容需要考虑哪些因素？

一方面，要根据教学目标和教学重难点确定。追问要为落实教学目标和解决教学重难点服务。要在关键点上追问，无目的的追问和脱离教学内容的追问，实际上是浪费学习时间。另一方面，要考虑学生的实际水平。课堂教学中的追问要综合考虑实际情况，确定好追问的内容。同时更应注意的是，追问内容难度要适宜，使问题贴近学生的"最近发展区"，由易到难，层层推进，激活学生的思维，让不同层次的学生都能有所收获，体会到属于自己的成功。

问题 24：追问的方式有哪些？

追问方式是由追问内容决定，主要有跟踪追问、因果追问、发散追问、逆向追问及反问等。不同的追问内容应该选择不同的追问方式。

因果式追问：反馈学生的思维过程的追问属于因果追问。主要的方法是"剥洋葱法"。例如：你为什么这样想/说/做呢？连续追问五次。

递进式追问：接下来怎样？后来呢？

发散式追问：换一种表达怎么样？还有其他方法吗？

聚合式追问：能总结、概括一下吗？

教师要根据学生当时的学习状况、对学习内容的掌握情况以及学生对问题的回答情况而迅速作出判断，并选择相应的有效方式。

问题 25：以上几种追问方式中，哪一种追问方式较好？为什么？

以上几种追问方式在平时的课堂教学中都使用较多。因果追问在课堂教学中最常见,它的优点在于能展示学生的思维过程和方法。逆向追问及反问,能够引导学生针对某一具体问题进行多角度、多层面的分析和研究,培养学生的反思能力。

问题 26:如何确定追问的对象?

在选择追问的对象之前,必须深入了解学生的情况,针对不同层次的学生追问不同难度的问题,让不同层次的学生都有展示自己的机会。教学时,可以先给后进生一个展示的机会,然后让优秀的学生回答与补充。

问题 27:课堂中的追问数量是不是越多越好?

追问不在于多少,而在于这些问题是否有效地把学生引向"最近发展区",在于是否能让学生感受到进行智力劳动的乐趣,真正在课堂上亲历一次智慧的探险,从而收获成功后的喜悦。概括为一句,要"问得其所"。追问的最高境界应该是要让学生从目前课堂上的"被追问"走向"主动追问",从而跨越思维的巅峰。

问题 28:什么是问题式学习?

问题式学习(problem-based learning,简称 PBL),或译为"问题本位学习",它强调把学习设置到复杂的、有意义的问题情境中,通过让学习者合作解决真实性(authentic)问题,来学习隐含于问题背后的科学知识,形成解决问题的技能,并形成自主学习(self-directed learning)的能力。

问题 29:问题式学习源于什么时候?

问题式学习最早起源于 20 世纪 50 年代的医学教育中,此后,它先后在六十多所医科学校中推广、修正。

问题 30:问题式学习的理论来源是什么?

建构主义理论;合作学习理论;情境学习理论。

问题 31:问题式学习的特点是什么?

问题必须能引出与所学领域相关的概念原理;问题应该是开放的;激发学生思考、探索;给予学生及时的反馈;问题的选择要具体考虑教学目标以及学习者的知识、技能水平和动机态度等因素。

问题 32:教师在呈现问题时应注意的问题是什么?

使学生能够积极思考问题,把问题看成是自己的而不是别人的;确保所呈现的条件没有把问题的关键因素暴露出来。

问题 33：教师在问题式学习中的作用是什么？

课前作精心的教学设计；确定明晰的教学目标；设计恰当的问题情境；引导小组工作；支持小组的积极互动；发展思维能力和社会性的技能；提高解决问题的能力和学习技能；帮助学生成为独立自主的学习者；作品成果展示报告；评估学习效果。

问题 34：教师在引导小组问题式学习时应注意什么？

教师一般不直接向学生表达自己的观点或提供有关的信息。相反，他们经常在元认知水平上提问，针对的是问题解决过程中的计划、监察、控制和评价活动，而不涉及具体领域的知识，比如，"在这时我们应该问什么问题？""你还需要弄清什么？""怎样才能弄清这个问题？""小组的意见一致吗？"等等。

问题 35：问题式学习的操作流程是什么？

问题式学习没有固定的操作流程，是通过提出和解决问题实现知识经验的建构，问题式学习大致包括以下环节：

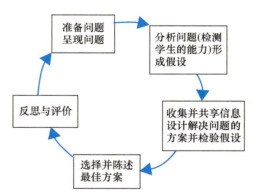

1. 准备问题、呈现问题；
2. 分析问题（检测学生的能力），形成假设；
3. 收集并共享信息、设计解决问题的方案并检验假设；
4. 选择并陈述最佳方案；
5. 反思与评价。

问题 36：问题式学习的基本策略是什么？

1. 小组合作——活动学习策略；
2. 自主——合作循环学习策略；
3. 合作——探究学习策略。

问题 37：什么是小组合作——活动学习策略？

小组合作——活动学习策略，是问题式学习的主要倡导者白罗斯创用的。这一策略注重学生学习的主动性、参与性、过程性以及小组合作能力的培养，让学生在轻松、和谐、互动互助的氛围中积极参与学习活动。

问题 38：小组合作——活动学习策略实施的具体过程是什么样的？

小组合作——活动学习策略的实施过程，大致包括"组织小组""开始问题""跟进行动""活动汇报"和"反思总结"等环节。

问题 39：什么是自主——合作循环学习策略？

自主——合作循环学习策略，侧重于培养学生的毅力和坚持到底的精神，对比较困难的问题可以通过再次分析，重新确定学习要点，再学习，然后再与小组交流合作，直到找出解决问题的最佳途径。自主——合作循环学习策略，充分考虑到学生在学习过程中会遇到各种各样的困难。

问题 40：自主——合作循环学习策略实施的具体过程是什么样的？

第一环节，确定学习或讨论的主题之后，给学生提供一个以前未接触过的新问题。

第二环节，学生开展相互交流，看看自己已有知识中哪些与该问题有关。

第三环节，在现有知识水平基础上形成并验证解决问题的假设，看能否解决所面临的问题。

第四环节，如果不能解决问题，明确为了解决问题而进一步学习的需要。

第五环节，通过自主学习满足既定的学习需要。

第六环节，回到小组交流新学到的知识，运用新知识解决问题。

第七环节，如果还不能解决问题，重复三至六环节，直到问题得到解决。

第八环节，对解决问题的过程和学到的知识进行反思与评价。

问题 41：实施合作——探究学习策略的步骤有哪些？

第一环节，给学生呈现一个问题。

第二环节，通过讨论，学生确定学习要点。

第三环节，分类把握学习要点。

第四环节，分享和应用新知识。

第五环节，探究新问题。

问题 42：问题式学习法中创设问题情境的主要方法有哪些？

问题式学习法中要根据本班的实际情况创设问题情境。首先，要全面提出教学任务；其次，优选教学方案，根据教学任务、班级特点及教师本人素质，选择创设情境教学的方法。

创设情境的教学方法包括：生活展现情境、实物演示情境、图画再现情境、音乐渲染情境、表演体会情境、语言描述情境等。

问题 43：课堂提问的形式有哪些？

从对象来看，包括：师对生提问；生对生提问；生对师提问。从方式上来看，包括举手提问、不举手提问、开火车式提问、抽签提问等。

问题 44：教师在设计问题时应该注意什么问题？

要考虑问题的思考空间有多大；要重视学生的需求和心理，考虑是否注重了艺术性、逻辑性；考虑是否剥夺了学生提问的权利，将学生掌控在教师的问题之中；注重学生学的实际，而不应该从教师的角度提出；注意效率和效果的统一；给予学生足够的思考时间；要多些启发、引导，少些自问、逼问。

问题 45：教师在备课时，应该注意什么问题？

教学前要认真阅读分析教材，分析学生；科学地设置问题情境，适时、适量、适度地处理好问题材料；要避免千方百计地把学生引领到预设好的答案上来。

问题 46：什么是提问的"关键时刻"？

一般而言，提问需要把握以下三种类型的关键时刻：

1. 当教师向全班学生提问一个他知道每个人都可以回答的问题，但没有人能够回答时，第一种关键时刻就出现了。

2. 当教师向全班学生提问一个他或她坚信没有人可以回答的问题，但很多人却能够回答，这就出现了第二种关键时刻。

3. 当教师提出一个落在自己预设的答案范围之外，或者根本不符合教师预期的答案，这种非预期性使其无法辨别是非对错时，出现了第三种关键时刻。

问题 47：在问题式学习中，问题的设计有哪些特点？

问题必须能引出与所学领域相关的概念原理，由此设计要解决的问题。问题应该是结构不良的、开放的、真实的。

问题应该具有足够的复杂性，包括许多联系的部分，而每部分又是很重要的。

问题要激发学生的动机,鼓励他们去探索、学习。

问题 48:怎样让学生带着问题学习?

设计的问题要具有趣味性;别让学生的困惑溜走;把"困惑"变成"问题";设计的问题要具有一定的挑战性;教师要留给学生足够的时间思考,让学生质疑;可以设计导学单、任务单等;通过竞赛的方式激励学生积极主动带着问题学习;通过奖励的方式激励学生思考问题,给表现突出的学生或者小组颁奖。

问题 49:教师在教学中如何有效分配提问时间?

教师在教学时间的分配上,要根据教学内容以及学生学习活动的连续性和完整性,灵活地分配教学时间,调整课堂教学的时间结构,特别要注意留给学生质疑问难、提出问题的时间和机会。

问题 50:学生提出问题对教师的教学有什么意义?

学生提出问题有两个方面的意义:一是使教师清楚学生学习的难点、疑点,进行有针对性的教学,提高效率。二是帮助学生深入地理解学习内容,强化思维。学生提问离不开学科知识。这是通过学科知识的梳理,明确学生如何提出学科问题。

问题 51:如何通过提问来激发学生的主体性?

提问包括正问和逆问。

正问:即是正面提问,就是教师根据教学内容从正面提出问题,让学生顺藤摸瓜,探求问题答案的过程中获取知识,发展智能。

逆问:又称倒问。教师为促使学生深入思考,不从正面提问,而是从相反的方面提出假设,让学生通过比较,自己得出正确结论。一般问题总是这样问:这篇文章这样写有什么作用?逆问则提出这样的假设:如果不这样来写行不行呢?这种问法可训练学生的逆向思维,培养学生思维的深刻性。

在问题式学习中,教师不要忽视那些回答问题有困难的学生,并且应该允许有错误的答案。教师应该经常地试用一些更宽泛的标准,而不是那些对与错的标准,使得所有的学生能够享受回答问题的感情和知识上的奖赏。除了对正确答案表示奖赏之外,还应该对最新奇的、最超前的、最实际的、最有启发的回答表示奖赏,这样能够让每个学生都能享受到问题所带来的挑战和激动。

问题 52:教师可以利用哪些词语引导学生进行提问?

一是利用"假如"提出问题,即对一个假设的情境加以思考提出问题,可用人、地、事、物、时(过去、现在、将来)的假设发问。

二是利用"替代"提出问题,即用其他的字词、事物、含义或观念取代原来的资料提出问题。

三是利用"除了"提出问题,即针对原来的资料和答案,突破常规,另辟蹊径地提出问题。

四是利用"可能"提出问题,即利用联想推测事物的可能性提出问题。

五是利用"想象"提出问题,既充分运用想象力来想象未来的事物,在想象中提出问题。

六是利用"类推"提出问题,即将两种事物、观念或人物作直接的比拟,在比拟中提问。

七是利用"比较"提出问题,即就两项或多项事务比较其异同。比较中提问,能把握事物之间的联系,在联系中找出事物的区别和共同之点,从而提出最为本质的问题。

问题 53:教师如何引导学生进行提问?

创设机会让学生提问;给学生提出问题的勇气;教师既要"引问",又要给学生提供高质量的提问范例;教师要引导学生提出高认知水平的问题。

问题 54:教师对学生的提问有哪些要求?

提问要具有价值,不要为了"提问"而提问。不要一疑就问、每疑必问,应该让学生在深入思考后再提问,问在该问处。学生在教师提问和模仿教师提问中逐步学会发现问题的思考方式。

问题的表述要尽可能清楚明白。问题是检验学生思维清晰度的。所以,引导学生清晰地表达,不仅使问题明朗化,还能帮助学生理清思路,为问题的深入探讨和解决提供契机。

问题 55:教师如何提高后进生提问的积极性?

第一,教师要培养后进生的自信心,锻炼他们"敢问"的精神。教师在课堂提问对象上要面对学生全体,照顾大多数。

第二,教师在设计课堂提问时要难易适中,使后进生经过思考都能回答得出,设计的问题不能过难,只面向少数尖子生;也不能过易,连后进生不动脑筋都能回答出来。

第三，在复习知识时，教师应问在后进生易成功处。

第四，在巩固练习时，教师应问在学生的易错处。

问题56：什么样的问题是好问题？

一个好的问题能够随着解决的进行自然地给学生提供反馈，让他们能很好地对知识、推理和学习策略的有效性进行评价，并促进他们的预测和判断。好的问题能够使学生积极组织答案并因此而积极参与学习过程。好的问题较多为开放性问题，并且能够引导知识点的方向，能够体现出层次性和递进性。问题具有一定的坡度，并具有一定的启发性。

问题57：怎样优化教师提问的技巧？

精心设计，合理计划；讲求技巧，巧点妙拨；鼓励自问，增强自信。

问题58：在问题式学习中，教师提问需要注意哪些事项？

1. 在教学实践中，教师不要满足于让学生在课堂解决自己所设计的问题，还要加强引导，让学生不断挖掘问题。为此，教师应重视引导学生把问题的探索和发现延续到课堂教学结束，让学生再提问题，以便课后进一步地去探究、去解决，从而培养学生实践能力与创新意识。

2. 提问方式要以个别提问为主。通过个别学生的回答，看到学生的思维障碍，有针对地解决。

3. 提问时要对学生的回答作出肯定或是否定评价，切忌不作出任何评价。

4. 提问时要注意引导。对学生回答有困难的问题，教师要适当地站在学生的立场上，以学生的知识层面与生活经验为基础，进行引导，尽量让学生自己思考得出问题的答案。

问题59：教师对问题的设置有哪些要求？

1. 问题的设置要切合学生实际，让学生确实有能力解决。

2. 问题的设置要由浅入深，能让学生在思考问题的同时不自觉地深化对知识的认识。

3. 问题设置要有针对性，每一个问题都要有针对的知识点，不能泛泛地提问题。

4. 问题的设置要有层次性，先设置几个简单的几乎是一目了然的问题，再设置几个开放的、思维要求比较高的问题，让学生充分发挥自己的思维能力。

问题 60：问题式学习的参考书目有哪些？

1.〔美〕杜威：《我们怎样思维》，人民教育出版社 2005 年版。

2.〔美〕福格蒂：《多元智能与问题式学习》，钱美华等译，中国轻工业出版社 2005 年版。

3. 刘翔云等编：《基于问题的学习：理论与实践》，高等教育出版社 2013 年版。

4.〔英〕麦凯：《如何提问》(第 2 版)，姜涛译，上海人民出版社 2006 年版。

5.〔美〕布朗等：《学会提问》，吴敬礼等译，机械工业出版社 2013 年版。

6.〔美〕沃尔什等：《优质提问教学法》，刘彦译，中国轻工业出版社 2009 年版。

7.〔美〕丹东尼奥：《课堂提问的艺术》，宋玲译，中国轻工业出版社 2006 年版。

8.〔日〕黑柳彻子：《窗边的小豆豆》，赵玉皎译，南海出版公司 2003 年版。

9.〔苏〕苏霍姆林斯基：《给教师的建议》，杜殿坤译，教育科学出版社 1984 年版。

10.〔苏〕阿莫纳什维利：《孩子们！你们好！》，朱佩荣译，教育科学出版社 2002 年版。

11. 刘涛川、谢飚主编：《有效教学方法全集》，北京艺术与科学电子出版社 2004 年版。

12.〔美〕舒尔曼：《实践智慧：论教学、学习与学会教学》，王艳玲等译，华东师范大学出版社 2014 年版。

第十单元　教育戏剧 60 问

问题 1：什么是戏剧？

戏剧中的"戏"，有"游戏"的意思。戏剧是指语言、动作、舞蹈、音乐、木偶等形式达到叙事目的的舞台表演艺术的总称。戏剧的形式多种多样，包括话剧、歌剧、舞剧、音乐剧、木偶剧等。

问题 2：戏剧的元素有哪些？

戏剧的元素包括剧本、演员、表演空间和观众。

问题 3：什么是教育戏剧？

教育戏剧在欧美国家称为 Drama in Education，Theatre in Education 或 creative Drama，是根据学习目标和学习对象的需要，以戏剧和剧场的技巧、元素与形式促进学生的全面发展。

问题 4：戏剧表演有哪三大特色？

故事性、社会性、艺术性。

问题 5：戏剧在教育中承担什么作用？

首先，通过戏剧教育，可以使我们通向具有强度和意义的、完满的经验。

其次，戏剧教育可以扩大我们的视野，赋予未来的经验意义和价值。

最后，通过戏剧，可以使我们以综合的方式看待其他领域。

问题 6：教育戏剧源于什么时候？

教育戏剧是 20 世纪初期和中期在欧美国家发展起来的一种将戏剧方法应用于教育的新学科。

问题 7：教育戏剧与普通戏剧的区别是什么？

普通戏剧从编、排到演有一个系统完整的过程，并且有一定的评价标准及结果要求。教育戏剧不需要有完整的剧本,更多的是对材料以及操作过程中生成的相关思想观念的即兴利用,更多的是为了教育的目的而不是表演。

问题8:戏剧教育的概念是什么?

戏剧教育是以舞台戏剧的历史发展、戏剧知识、艺术技巧、赏析评论等进行多方面的教育,注重的是专业才艺培训,以戏剧最后呈现于舞台的"结果"为目标。

问题9:教育戏剧和戏剧教育有什么区别?

戏剧教育所注重的是用千百年来人类戏剧发展的成果——优秀舞台剧目名著、名家、戏剧发展史、戏剧知识、艺术技巧和作品的艺术赏析或者业余排演,向人们进行戏剧的介绍和实践,达到教育目的。传统的戏剧教育就是专才、精英教育,是针对专业艺术院校的,任务是培育专业戏剧的编、导、演和舞台美术人才。

教育戏剧是在社会文化及普通教育过程中运用的戏剧方法,也就是把戏剧元素作为教育方法应用在教学或社会文化活动中,让学习对象在戏剧实践中达到学习目标。教育戏剧是普通、大众教育。因此,教育戏剧和戏剧教育是两个不同的概念。

问题10:什么是教育剧场?

教育剧场(Theatre in Education)是指把剧场演出剧目应用于教学等戏剧活动。

问题11:什么是创作性戏剧?

创作性戏剧(Creative Drama)是指把戏剧方法应用于课堂教学及教育活动。

问题12:教育戏剧的基本理念是什么?

教育戏剧是一种区别于舞台演出的、以过程为主的、即兴表演的戏剧形式。参与者在指导人的引导下,运用想象,调动自己的经验,在戏剧实做中开拓、发展、表达、交流彼此的理念与感觉,达到开启智力、增加知识、活跃身心的目的。

问题13:教育戏剧有哪些特点?

平等性、故事性、开放性、艺术性、人文性。

问题14:教育戏剧的应用原则是什么?

1. 适切性原则:以教材为切入口,选择适合的教育戏剧策略。

2. 全纳性原则:教育戏剧方法的使用是为了让每一个参与者有所受益,以学生为本,兼顾公平。

3. 指向性原则:教育戏剧的应用都应该遵循一定的目标指向性。

问题 15：教育戏剧的教育理论来源是什么？

卢梭的"成人的归成人，儿童的归儿童"；杜威的"做中学"；麦恩斯（Hughes Mearns）的"创造力教学"。

问题 16：杜威的哪些教育理念为教育戏剧的发展奠定了理论基础？

"教育即生活""教育即生长""从做中学习""教育本身就是目的""学校即社会"等。

问题 17：教育戏剧活动的开展需要有哪些条件？

一些有明确目的的戏剧游戏；一个短时间的、有完整戏剧情境的戏剧过程；教师和学生所共知的特定目标，有事先设定的终止点，活动达到目标即可终止；戏剧教师具体指导，按预先设定的学习内容和戏剧程序进行活动，活动过程中可得出一定的答案；实施规则明确，表现方式易于为学生了解并实践；参与过程是一个高度专注的学习、创作过程；内容和形式容易让小组成员反复练习、演示；不必设定必然达到的标准或学习效果；这是一个通过戏剧活动解决问题的形式。

问题 18：教育戏剧活动主要体现在哪些方面？

1. 戏剧性表演：把学生置于想象的戏剧环境中，以尝试性的生活去了解人与社会的关系。

2. 故事戏剧化：由教师引导学生，根据既有的或其他来源故事，创作出一个即兴戏剧。

3. 从创作性扮演扩展为正式戏剧：在教师指导下，由学生搜寻选择已有的相关数据，设计制作布景道具，发展成一出戏剧，直到演出。

问题 19：戏剧性表演有哪些方法？

情景设置、角色扮演、即兴表演。

问题 20：故事戏剧化可以从哪些方面进行编排？

故事、绘本、四联画片、场景。

问题 21：结构性戏剧包括哪些方面？

故事、人物、性格、动作；情节、结构、逻辑、悬念；场景、情境；开始、发展、高潮、结局（起承转合）。

问题 22：开展教育戏剧的方式有哪些？

以民间剧团为主开展教育剧场，剧团与社区、学校的合作，创作社区戏剧、校园戏剧等活动,使参与者在编、导、演戏剧的过程中活跃想象、激发思考、学会审美、提升能力等。

在中小学开展戏剧课,培养学生表演技巧、戏剧创作、文本欣赏等知识技能。

以跨课统整和主题化的方式开展教育戏剧教学。

问题 23:通常使用的教育戏剧的方法有哪些?

热身游戏、剧场游戏、想象、说故事、角色扮演、静止视像(定格)、思路追踪、坐针毡、专家的外衣、教师入戏、论坛剧场等。

问题 24:什么是角色扮演?教育戏剧中的角色扮演有几种基本形式?

角色扮演(Role Playing)是戏剧性扮演的方式之一。参与者以自己的想象、观察或经验,模拟扮演某一个规定情境下的人物,以动作、语言模拟或道具运用来表达该角色的人物性格、思想感情、人生经历等特质,从而将参与者置于角色所处的情境或问题之内来经历角色的社会性事件。

在教育戏剧的角色扮演中通常有两种基本形式:

一是人物扮演(Personal Play):直接将自己转变为他人、他物的扮演;

二是投射式扮演(Projected Play):使自己轮流或依序扮演多种不同角色。

问题 25:什么是热身游戏?什么是剧场游戏?

热身游戏(Warm-up Games):通常包括认识游戏(使参与者相互介绍、熟悉)和比赛游戏(活动全身使身心放松)。

剧场游戏(Theatre Games):戏剧及沟通游戏(涉及节奏、形体、专注、语言、角色扮演等训练的游戏),合作游戏(相互协调、传达信息、转换、合作的游戏,以建立互信与自我控制能力)。

问题 26:什么是想象?什么是说故事?

想象(Imagination):将物体、声音、身体动作与头脑思考结合起来的创造性活动,用以激发参与者的经验与想象。

说故事(Storytelling):以既有的故事或创作的故事引发,激励想象,建构属于自己的戏剧故事。训练语言和结构、逻辑发展、组织表达能力。

问题 27:角色扮演在课堂运用时,常常会出现什么问题?

角色扮演分成两块:

1. 教师入戏(Teacher-in-Role):指的是教师在教育戏剧活动中主动进行角色

扮演，从而有机地建立起课堂情境。在使用教育戏剧进行体验式教学的过程中，教师带动学生体验规定情境的最好方式不是以说的方式去向学生阐述，而是以主动演绎的方式来带动学生进入情境，从而引发兴趣，控制戏剧动作的方向，邀请参与，注入张力，引导深思，提供选择，发展故事，制造学员入戏交流机会等。通过戏剧参与，促成学习，引导达到育人的目标。

2. 学生入戏：指学生在课堂中，依据课堂文本的需要被动或主动地对文本内容进行演绎，并加深理解的过程。

在课堂中使用角色扮演会遇到三个主要问题：

首先，教师自身是否能够在需要运用教师入戏技巧的课堂中充分相信自己所扮演的角色。在舞台表演中，人们常说："只有演员自己首先相信自己演绎的角色，观众才会跟着相信自己看到的一切"。在课堂中这句话同样适用，如果教师在角色扮演的过程中仅仅是为了表演而表演，学生是很难对课堂情境的变化产生认同感的。

其次，学生是很被动地去进行角色扮演。教师入戏的过程也是带动学生对课堂情境产生认同的过程。当教师急于快速带动学生进行表演的时候，学生往往不能适应。角色扮演的过程变成了老师要我去假惺惺地扮演某个角色，而不是我发自内心地认同当下的课堂情境，想去积极主动地参与角色扮演。学生在角色扮演过程中主动和被动的差别，直接影响了他们是否会积极地去理解课堂教学的目的。

最后，过于依赖即兴表演的创造性。教师必须明确，任何课堂教学过程中的角色行为都是教师进行设计和准备的。角色扮演的有趣过程会让很多初学教育戏剧的教师产生一种错觉——即兴表演占了很大的比重。但事实恰恰相反，如果纯粹让学生即兴地进行角色扮演活动，那么课堂的有效教学时间和课堂纪律将不复存在，而正常的角色扮演教学过程中，教师需要提前预设好在规定情境中需要的大致角色数量、角色行为，并且在课堂活动开始时就通过自己的角色扮演有效地与学生建立契约关系——每个部分他们能够做的事情，他们能够在什么时候提问，以及他们从角色的哪个视角去理解课堂教学的重点。

问题 28：教师在角色扮演中的工作是什么？

揣摩角色、选择角色；改编剧本；分小组排演；及时评价，推进扮演的深度。

问题 29：什么是定格、思路追踪？

静止视像(Still Image)(定格)：运用形体动作构成"定格"的"塑像"，以表达一个时刻、意念或主题，创作两个定格，可以对比对立的两个概念的不同。精心挑选定格的一刻，透过形体影像将意义具体化，是教学中经济而有节制的表达模式，同时也是可被参与者观察及解读的表达信息的符号，比利用文字表达更直观、明了、灵活、简易，利于参与者创造、观察、分析、反思。

思路追踪(Thought-Tracking)：让参与者反思某角色的行为，并看到其矛盾处，把他在某时刻的思想公开，到时刻叫停一个场面，使其定格，让角色说出内心潜台词、心底话，以反思某个处境或角色的思绪，从而产生情绪反应。这样可以减慢角色行为，制造机会(间离效果)以深入理解背后的意义。

问题 30：什么是坐针毡？

坐针毡(Hot-Seating)：犹如焦点人物访谈，角色接受参与者质询或访问。可以使参与者集中观察角色人物的行为动机、性格倾向，启发思考人物态度与事件之间的关系，观察事件的发展如何影响人物的态度，深化理解主题，启发对人类行为的反思。

问题 31：什么是专家外衣？

专家外衣(Mantle of the Expert)：扮演为戏剧情境而设的具有专业知识的专家，在规定情境中运用专业技能尝试完成戏剧任务。赋予参与者能力和责任，使他们受到尊重，从而去探索、认识、透析不同的专业知识，通过采取专业态度体验不同的感受。

问题 32：什么是论坛剧场？

论坛剧场（Forum Theatre）：演绎一个探讨某种社会处境或议题的戏剧，观看者若觉得剧情或对白不对劲或迷失方向，或有争议，可以中止演出表达自己的意见，踏进演区取代他认为不合适的演出者，说自己想说的话，或者作为新角色加入，表达自己的意愿，从而引起争议，审视不同意见与态度。

问题 33：创作性戏剧的方法可以用于哪些领域？

创作性戏剧方法是教育戏剧等许多应用戏剧的基础方法，可以应用在任何不同的教育戏剧种类中。无论在幼儿教育、普通教育、大学戏剧、民众戏剧、社区戏剧、特殊教育、戏剧治疗等方面，都可以在这个基础上根据自己的特点，针对性地制订自己的教学方法。

问题 34：教育戏剧可以应用于哪些领域？

应用于幼儿教育、普通教育和大学艺术教育、社区民众活动、特殊教育、矫正治疗、基本综合艺术戏剧工作坊等。

问题 35：应用于幼儿教育的戏剧方法有哪些？

幼儿故事剧场、偶具、面具。

问题 36：应用于中小学普通教育的戏剧活动有哪些？

课堂教学（教育戏剧）DIE；教育剧场 TIE；戏剧工作坊。学校课余戏剧活动：鞋带剧场（Shows on a Shoestring）课本剧、校园戏剧。

问题 37：戏剧游戏的方法有哪些？

认识、热身游戏，比赛、沟通游戏，想象力游戏，形体、语言训练游戏，故事、戏剧结构游戏，合作游戏等。

问题 38：课堂戏剧的过程是什么样的？

1. 戏剧游戏——选择本课内容相应的戏剧游戏。

2. 起步点——引入教学内容。

3. 心理过程——对材料产生反应、激发想象，准备进入戏剧创作。

4. 积极想象——采取行动。在规定戏剧情境和行动中，进行戏剧创作，达到学习目的。

5. 结构戏剧——产生意义，完成戏剧创作，从中得到教益。

6. 反思活动——一个戏剧片段后的停顿、审视、反思、分享及思考下一步发展。

问题 39：如何将教育戏剧与课堂教学进行有效的融合？

第一，教师需要熟悉教育戏剧的各种方法、手段，达到烂熟于心的程度。这样便于在备课时选用恰当的方法，以配合具体教学目标。甚至在课程中，根据现场情况即兴调整安排，选择更适合的教育戏剧方法。

第二，教师需要厘清自身科目的教学目标，并且将一个大的教学目标分解成富有逻辑性的小教学目标。再根据每个小教学目标选择合适的教育戏剧方法与之配合。

第三，要转换教学思路，以前教师多说，现在学生要多说多做，以学生为本，以学生听得懂、感兴趣的方式授课。

第四，教师要有耐心和毅力，不断地在具体教学活动中实践教育戏剧的方法，从中锻炼、改进、找到最适合自己的方式。

问题40：戏剧导师应该具备哪些基本的条件？

热爱戏剧艺术，富于创意能力，勇于尝试新事物；接受过戏剧训练，了解不同戏剧风格；了解剧场运作，善于引导学生在戏剧实践中接受戏剧教育和艺术熏陶；熟悉教育学，并了解教育对象，拥有爱心、耐心、平等之心；善于引导学生通过戏剧过程学习、反思、解决问题。

问题41：戏剧工作坊包括哪几类？

戏剧片段工作坊；故事剧工作坊；主题戏剧工作坊。

问题42：教育戏剧适用于哪个年龄段？

理论上讲，教育戏剧适合于任何年龄层次的人群，但考虑到学生要有较强的协作能力、表演能力以及理解能力等因素，建议10岁及以上年龄段的学生使用。

问题43：教育戏剧的评价方式有哪些？

学生自评、学生互评、教师评价、家长评价、专家人员评价。

问题44：教育戏剧培养了师生的哪些能力？

对学生来说，教育戏剧的重点在于积极引导学生参与，从亲身感受中领略知识的意蕴。学生在彼此互动中发挥想象力，表达思想，掌握一定的表演技能和心智能力，增进美感领受能力。教育戏剧是一门艺术，学习教育戏剧与学习其他艺术一样，能培养学生的创意和想象力，提升学生沟通能力、表达能力和自信心。所以，在教育戏剧过程中孩子的感受能力、观察能力、理解能力、想象能力、语言表达和形体表达能力、团队合作能力等都得到了非常好的锻炼。

对教师来说，教育戏剧锻炼了其对时间、空间、教学活动的掌控能力，以及对教学目标的深刻理解，并且让教师善于从学生的角度思考问题，以学生为本，达到更好的教学效果。在这个过程中师生关系更融洽，教师也更有自信心。

问题45：在教育戏剧编排的过程中如何调动学生的积极性和创造性？

第一，戏剧的重点在于沟通，区别于原本课堂教学的单方知识传授，在教育戏剧编排过程中给予参与者充分的参与度，让他们可以发表自己的看法，提出自己的问题，教与学关系的改变是学生发挥自身能力的第一步。

第二,在教育戏剧编排中,加入激发学生创造性的戏剧游戏作为热身活动,可以让学生在戏剧游戏中逐渐提高创造能力,此类活动对学生而言就是游戏,学生很容易接受这种创造能力训练,在愉快的气氛中,由身体带动内心。戏剧本身就是一个从文字、肢体、画面等多方面调动参与者创造性和想象力的活动。

第三,教师在教育戏剧课堂上主要是操控者、引领者、扮演者、观察者,而学生作为参与者是教育戏剧的主体,因此在编排教育戏剧课程的过程中,要铭记此点,只有给参与者足够的空间和肯定,知道自己在活动中的重要性,才能激发学生的积极性。

第四,不同年级的学生参与度、表达能力、创造能力是不同的,在教育戏剧课程的编排中,也要注意适合参与者的年级和特点,因为教育戏剧本身就是一个针对性很强的戏剧活动。

问题46:在课堂教学中,哪些情境更适合对学生进行教育戏剧教学?

要理解这个问题,需要从三个方面来了解人们对于情境的好奇心。

首先,从认知心理学角度看,在不同的年龄阶段,人们都会对不同的事件产生好奇,并且在好奇地探索过程中学习进步。因此,要了解适用于不同年龄阶段学生的教育戏剧情境,则必须了解他们的认知发展阶段,以及每个班级和每个学校特殊的人文环境。在此基础上选择适合他们的情境。

其次,从文艺理论角度来说,"爱情"和"死亡"是两个人类永远关心的主题,也是最能够产生情境的话题。19世纪戏剧家乔治·普罗蒂提出了一个叫做"三十六种戏剧模式"的理论,几乎涵盖了我们能够看到的大多数有趣的故事模式。试想,当我们熟悉两个主题,三十六种模式后,可以幻化出的有趣情境也会如孙悟空的七十二变一样令人眼花缭乱。

最后,教育是育人的过程,育人是教育的目的。正如陶行知先生说的:"千教万教教人求真。"教师在选择情境的时候,需要思考的问题首先应该是这个故事的情境能不能帮助学生更好地成长,以及是不是真的要使用这样的情境来进行体验式教学,从而达到某一个教学目的。

一般来说,具有故事情节的文本,能引发人产生想象或者联想的文本,具有说理道理的文本等比较适合进行教育戏剧教学。

问题 47：教育戏剧需要哪些教学资源与之匹配？

教育戏剧所需的教学资源非常灵活：首先，需要一定数量的参与者，便于游戏、讨论等一些团队活动的完成。

其次，课堂需要一定空间，保证环境安全，并尽量便于参与者进行活动。有时也需提供一定的视听设备。

最后，教师在完成自己的教案之后，可以根据内容和课程目标，自主准备一些教具，例如，游戏环节的一些辅助物、角色扮演需要的特定标志、情景设置的材料和标志等等。教师入戏部分可以加入道具、服装等。

总之，基本的空间和参与者确定后，教学资源更多的是教师根据自身需求灵活匹配。

问题 48：不脱离英语课堂，怎样才能把"戏剧"贯穿到课堂中来？

英语课堂与语文课堂的教学方法存在着有机的相同和不同。

两者相同之处在于语法的学习模式——字、词、句使用方法和规则情境的掌握。两者根本的区别在于英语相对于学生的"母语"——汉语来说是第二语言，学生需要在学习中对语言进行"转换""翻译"。

有趣的是，从认知心理学范畴来说这种"翻译"的过程在学生使用母语的过程中也是存在的。在学习母语时学生"翻译"的过程是从图像、情境到一种语言表达的转换过程，而在学习英语时，这种"翻译"的过程被进一步复杂为从图像、情境到母语，再由母语转化成第二语言。

简化英语学习的过程从根本上讲就需要简化学生"翻译"的过程，也就是能够让学生习惯将图像、情境直接转化为英语的过程。

在英语课堂中，教师可以把戏剧作为一种即时表达、情境真实模拟再现的手段。在一开始的学习中就创造出真实的生活场景，让学生在特定场景中习惯直接的"翻译"转化过程，从而形成一种从图像、情境到直接英语口语反应的应激反应。

因此，把戏剧贯穿到英语课堂的学习中去的本质就是真实情境模拟的过程。我们知道在生活实践中学习的记忆力是最强的，课堂真实情景模拟就等于给学生建立了一个真实的生活环境。这对于外语学习自然是有利的。

另外，戏剧的矛盾性和故事性，可以方便学生记忆所学过的场景和图像，也可以让教师的行课内容更加吸引学生，而有趣的学习环境则更有利于学习兴趣的持续。

问题49：教育戏剧中角色如何生成？

在如今的课堂中，仍然存在着一些这样的情况：教师是课堂中主导的角色，以讲授为主，学生依然是听课接受为主。但是，某些时候，教师和学生的角色会互换，比如，使用"专家的外衣"这种教育戏剧方法时，学生将披上"专家的外衣（让学生成为专家去解决问题）"，成为专家和教师去主动寻找并讲授某些知识；教师将披上"学生的外衣"或"寻求帮助的人的外衣"，"被动"地"听"学生的讲解。这也是为了让学生主动地去学习。

如果教师在教学活动中使用故事，那么故事的角色将根据故事中的人物以及教师的分配自动生成，可以套用耳熟能详的经典故事，也可以是教师自己编写的故事。

问题50：教育戏剧中哪些情况需要事前排练，哪些情况该即兴创作？

在教育戏剧中，事前排练和即兴创作都非常重要，只有将两者灵活地结合才能更好地完成课堂目标。

首先，教师需要完善自己的教案，明确自己的课堂目标，确定好课程中的每一个步骤。教师入戏从而推动课堂进程是教师事前需要排练的重点。那些需要教师入戏的插入点也是需要提前进行准确和巧妙的安排的。

其次，课堂中需要陈述的重点也可事前排练达到简练生动的效果。例如，游戏规则的介绍、典型事例的示范等。

当然，教育戏剧对教师的即兴创作能力也有较高的要求。教师在开展教育戏剧的课堂里几乎全程都需要即兴创作，教师要根据课程中参与者的参与度、课堂的气氛等随时调整自己的状态和课堂进程，其中包括入戏时积极地调整表演状态，进行即兴表演。

问题51：一节课的时间有限，教师怎样才能更好地实施教育戏剧？

第一，本着渗透的原则，可以在现行的规定时间内，先尝试每节课用1—2个与本堂课教学目标相关的教育戏剧活动。时间控制在10分钟以内。

第二，在慢慢尝试中，教师不断锻炼自己的掌控能力，包括对时间的掌控、对活动进程的掌控、对学生学习状态的掌控。教师对时间的掌控能力是一个优秀教师的重要指标。

第三，当教师已经具备良好的掌控能力时，可以尝试将一节课的大部分教学活动转变成符合同样教学目标的教育戏剧活动。在这个过程中同样锻炼掌控能力。

第四，最终要转换整个教学思想，某些非常适合用教育戏剧方法来上的课程，建议从传统的一节课，变成多节课。这样不仅不会打乱整学期的教学安排，还可以提升学生整体心理素质，从而影响他们在传统课堂上的理解力。

总之，这是一个缓慢的过程，需要给教师能力转换、提升的时间、空间。教师要了解学生的需求，掌握学生成长的规律，转变自身的角色，由以教为中心转向以学为中心。

问题52：教育戏剧在数学课堂上是否有"用武之地"？在数学课堂中有哪些情况可以开展教育戏剧？

数学知识的学习包括其他理科知识的学习也可以看成两个部分的学习：其一是通过有趣的科普环节介绍吸引学生对于某条定理或某种科学现象的兴趣；其二是讲解定理之后反复机械化地练习。

教育戏剧活动作为一个有趣的体验式课程活动，无疑在第一个部分有着非常大的介入可能。因为小学数学课并不是仅仅教会学生数字计算，数学计算涵盖的逻辑推理、空间概念、线性规划、时间概念等都对学生思维发展具有至关重要的作用。

上世纪30年代，著名教育家陶行知先生就曾经在学校推广过用《化学之舞》的歌舞剧形式来初步教授学生化学知识，并且引发学生对学习化学的兴趣，而在他编撰的国民教科书中也广泛运用了讲故事的形式来介绍天文学的概念，例如在介绍平行线的特点时，就运用了牛郎和织女的典故来讲解牛郎星和织女星运行轨迹的问题。

因此，作为理科教师可以在教授知识点之前先寻找一些可以代入的故事或者情境，运用这些故事和情境去帮助学生通过具象的内容理解抽象的概念。尤其是在小学阶段抽象理论相对还较少的时候，教师完全有能力将抽象概念具象展示出来。当然对于理科，机械重复训练的过程相对来说比较难以以教育戏剧的活动进行，但教师也可以利用教育戏剧使用的提问方式让学生反复练习。

问题53：教育戏剧如何和学科教学有效融合？

首先，教师需参加教育戏剧理论和操作的专业培训，多阅读教育戏剧相关书籍，多在课堂上运用教育戏剧实践，以此深入理解教育戏剧。

其次，教师须加深对自身教学学科的理解。因为一旦使用教育戏剧，课程会变得非常活，如果教师的学科知识不够扎实，将很难应对课堂变化和学生的即兴问题，从而导致课堂失控，无法有效结合。

最后，教师需要多学习艺术相关知识，多参与戏剧类的相关活动。毕竟教育戏剧是教育和戏剧结合的产物，对教师编剧、表演、导演的能力有诸多要求。如果教师是个艺术甚至戏剧迷，将很大程度上帮助其运用教育戏剧开展课堂活动。

问题 54：教育戏剧对教学内容有什么要求？

这要根据具体情况而定，比如目标人群是谁？为什么实施？怎样实施？要达成什么目标？等等。

教育戏剧在西方虽然起源于普通教育实践，但在我国推广时融入了民众戏剧的许多元素和方法，使之成为一种可以适合 0 至 100 岁任何年龄段人群的戏剧教育活动。因此，教育戏剧一定要针对不同人群设计适合他们的不同教学内容和方案。这样就可以说任何教学内容都是可以进行教育戏剧活动的。

因此，教育戏剧导师要注意的就是教育对象、教育目标，要善于选择那些最适合你和你的学生的内容，这些内容也必定是可以达到你的教育目标的。在实施教育戏剧过程中，内容也不是一成不变的，你可以选择或淘汰某些相关内容，只要学生在其中能得到预期的效益，一般就是适合的、较好的内容。

问题 55：课堂教学运用教育戏剧时，教师如何维持课堂秩序？

首先，极强的趣味性是教育戏剧最大的特点之一，趣味性体现在参与者可以最大限度地发挥自主想象力和创造力，使课堂变得积极活跃。其中，游戏是最直接的提升趣味性的方法，也是教师最容易上手的方法。

其次，参与者的角色扮演，教师入戏和一些教育戏剧的基本手法，例如"故事棒""做雕塑"等这些与戏剧相关的元素都可以体现教育戏剧的趣味性。当然，极强的趣味性往往也会使课堂气氛过于活跃，从而难以收场。此时，教师应当安排一些安静的或者需要独立思考的活动来调节整体的气氛。教师也可以提前立一些规矩，要求学生注意课堂秩序和自我控制或是教师采用一些竞争机制来更好地控制课堂。

最后，维持课堂秩序良好的方法有很多，最重要的是教师要在实践中不断总结,提升自己的课堂控制力,真正以引导者的角色在其中。

问题56:戏剧教育对于低年级儿童是否适用?

其实,教育戏剧对于低年级儿童尤其适用。在儿童抽象思维形成过程中,借助游戏、图像是最好的学习方式。孩子就是从游戏中学习的。

第一,戏剧对于低年级儿童来说就是扮演游戏,所以并不是一个陌生的活动。戏剧与游戏有很多共同点,一个会玩儿的孩子也一定能在老师引导下参与戏剧活动,孩子们在类似过家家这类角色扮演的游戏中体现出来的表演能力和信念感是真实的,有时候甚至是成人要学习的,所以孩子有天生接触戏剧和扮演的能力,反而是成人在开始接触戏剧的时候需要很多的练习,以回归到游戏和戏剧的本能中。

第二,戏剧不仅对低年级适用,更是这个阶段的必需,低年级的孩子抽象思维能力还未完全成熟,仍处在模仿大人、模仿社会行为、学习生活的阶段,并且有很强的学习能力和模仿能力。而戏剧提供了一个假定的空间,可以给孩子们一个模仿与实践、学习和思考的机会。

第三,戏剧活动中包括沟通、表达、团队合作、换位思考多种能力的培养,可以给低年级的儿童比较简单的戏剧活动,在他们的能力范围内进行教育戏剧活动,培养参与者从小对戏剧的热爱,培养其沟通、表达等能力,不仅更有利于之后的教育戏剧课堂的活动,更是对个人能力养成的绝佳时期。

在国外,从幼儿园开始便将戏剧元素加入到教学中,因为借助戏剧这一手法能更好地接受知识、培养能力,做到全方位的发展。

问题57:运用教育戏剧能常态化吗?可以作为主要教学手段吗?

要在课堂当中运用教育戏剧,首先教师需要了解戏剧的多样性。

我们知道"演剧"的英语单词是"play",而我国古典文献中对"戏"的解释也是"戏者戏也"(第二个戏是游戏的意思)。东西方巨大文化差异的背景下,不同文明对于"戏剧"的基础认识是如此接近的确有趣。

对于初步学习教育戏剧的教师来说,这一基础认识也是非常重要的。很多教师上课遇到最头疼的问题就是怎样让学生能够对自己的课感兴趣,因为只有学生感兴趣了,他们才会认真、守纪律地听讲,并且事半功倍地学习。

我们知道大部分动物的初始学习都是从聚精会神地"玩"开始的,甚至是在反复进行的"玩"的过程中进步的。同样地,在我们的课堂中学生需要的并非反人类认知规律的填鸭式教育，而需要的恰恰是符合人的认知规律的、真实模拟"玩"似的"做中学"（learning by doing）。

毫无疑问，教育戏剧创造了一种在课堂中"做中学"的可能。

在课堂中，善用故事，带领学生处于情境模拟中，是最受学生欢迎的。当然有的教师会担心自己没有掌握好教育戏剧的各种方法，其实不必担心。因为哪怕现在有很多类似《构建戏剧 70 式》的理论书籍，但是这些都远远不能涵盖戏剧的各种可能性。教师只要学会如何有趣地讲故事，如何准确地划分出几种我们常用的课堂教育戏剧活动范式，其后的结合教育戏剧活动的教学过程都是可以结合每个教师自身特长的，因为教师同样需要有一颗"玩"转知识的心。

问题 58：教育戏剧的运用一定要借助道具、场景的渲染配合吗？

既然是使用戏剧方法，就会借助一些道具、场景等戏剧元素，这是非常有效、有趣的工具。

教师在教育戏剧活动中为了教学需要，会借助角色扮演、教师入戏、坐针毡等形式，在这个时候为了更好地区别开引领者和角色，甚至区别多个角色，我们需要一些道具帮助进行角色的转换，一方面可以吸引学生的注意力，另一方面当教师再次使用该道具时参与者也能马上知道现在扮演的角色是谁。学生并不像成人具备成熟的抽象能力，在进行某些想象的时候需要借助一些道具或自己创造一些道具。

此外，教育戏剧活动中比起"渲染场景"我们更关注的是"建立场景"，由教师进行引导，参与者可以借助绘画、肢体表达、简单道具的布置、自身发声来建立场景，这样最大程度地发挥学生的创造性和能动性，也可以最大程度地发挥教室的空间进行教育戏剧和表演。比起教师给予的场景，参与者在自己建立的场景中更有安全感和信念感。

但是，并不是所有的教育戏剧活动都要借助道具，并不是道具越真实、越多越好，这样反倒破坏了教育戏剧的特色，可以培养参与者单一道具多用途使用的能力，充分利用教室中、生活中的道具，将它们变形或想象成他们需要的物品，这样更能增加趣味性和创造力。

问题 59：教育戏剧对教师的能力有什么要求？

第一，教师需具备很强的掌控能力，包括对时间、教学进程、学生的掌控。

第二，教师要善于利用空间，比如教室座位的安排。有时候，仅仅只是改变学生的座位和坐法,都能给他们带来巨大的兴奋,从而引发学习兴趣。另外,教师善于利用教室空间,也有利于运用、改编各种游戏活动和其他丰富的艺术性、发散性活动。

第三,教师要善于运用游戏,甚至变成游戏大王。因为游戏是最易于教师上手的教育戏剧方法之一。当然,所有的游戏都必须针对具体的教学目标,而不是单纯的玩。

第四,教师依然要有很好的传统教学能力。因为教育戏剧是一种方法,这些方法是为传统教学目标服务的。不是培养演员、不是为了演戏,而是用戏剧方法进行教学,理解这一点很重要。

问题60:教育戏剧的参考书目有哪些?

1. 张晓华主编:《创作性戏剧教学原理与实作》,中国台湾成长文教基金会出版社2003年版。

2. 张晓华主编:《教育戏剧的理论与发展》,中国台湾心理出版社2004年版。

3. 黄爱华:《探索与实践:新课程改革背景下的戏剧教育》,浙江大学出版社2008年版。

4. 张生泉:《教育戏剧的探索与实践》,中国戏剧出版社2010年版。

5. 〔巴西〕保罗·弗莱雷:《被压迫者教育学》,华东师范大学出版社2001年版。

6. 林玫君:《创造性戏剧理论与实务》,中国台北心理出版社2005年版。

7. 中国香港教育署学校戏剧议会:《学校戏剧手册》,1998年。

8. 李婴宁:《教育戏剧概论》,上海戏剧学院教育戏剧课程讲义(内部资料),2007年。

9. 冯靓琰:《教育戏剧在小学高年级语文阅读教学中的应用研究》,华东师范大学2013年硕士学位论文。

附录一　培训者培训方案与活动记录

培训者培训 实施方案

一、培训主题

1. 《参与式教学指导手册》(内部资料)。
2. 《参与式教学300问》(内部资料)。

二、培训目标

回望过去:对3年的工作和成长进行总结。

展望未来:对未来的专业成长进行规划。

三、参与人员

1. 上海八所春雨学校(弘梅小学、弘梅二小、华星小学、育苗小学、银星小学、文河小学、塘湾小学、文馨小学)春雨种子教师以及一名教导主任,约24人。

2. 华东师范大学基础教育改革与发展研究所专家及研究生(约8人)。

3. 救助儿童会的代表(1人)。

四、培训时间

2015年3月10日9:00—3:30。

五、培训地点

上海市闵行区申富路788号得丘园101会议室。

六、培训形式

教师工作坊(参与式):专题讲座、头脑风暴、小组合作等。

七、材料准备

眼罩、马克笔、大白纸、小组牌等。

八、日程安排

时间	流程	主题	形式
9:00—9:20	开场	课题组3年培训回顾与总结	讲授
9:20—10:20	分享故事	种子教师分享3年以来成长经历，每人列举两个本手册使用及后续校内培训存在的问题	发言,3分钟/人
10:20—10:30		休息茶歇	
10:30—11:30	分组讨论	设计《参与式教学指导手册》的实施方案（采用SWOT分析法分析培训目的、培训内容、培训方式、支持条件）	头脑风暴讨论分享
11:30—11:45	总结	专家点评	集中指导
12:00—13:00		休息午餐	
13:00—13:15	热身游戏	蒙眼作画	游戏
13:15—14:15	Jigsaw合作学习	《参与式教学300问》最有用的5题,为何有用 回答得不理想的5题,如何有效回答	头脑风暴讨论分享
14:15—14:30		休息茶歇	
14:30—15:30	分享经验	组间展示、分享经验	讨论分享
15:30		结束	

主要过程设计

1. 本次培训目标、培训主题、所需时间。
2. 培训内容是回顾过去、展望未来。

二、热身游戏

热身游戏（蒙眼作画）
以小组为单位，合作完成一张空白人脸
游戏目标：明白单向交流与双向交流可以取得不同的效果；团结就是力量。
游戏条件：时间15分钟，室内场地，眼罩、笔、纸等道具。
游戏程序：所有成员轮流蒙上眼睛在队员的帮助下完成脸部的一个器官；完成后，比较所有人像作品。
培训师总结：当我们闭上眼睛时，心灵就打开了，借助他人的眼睛来完成工作，团结就是力量。

三、分组

1. 上午以学校为单位来分组，一校一小组，或两校一小组，设计培训实施方案。
2. 下午：随机分组＋主题分组，分为5个小组。

四、小组合作学习

小组研讨、头脑风暴、展示分享。

培训者培训

活动记录

一、培训主题

1.《参与式教学指导手册》(内部资料)。

2.《参与式教学 300 问》(内部资料)。

二、培训目标

回望过去:对三年的工作和成长进行总结。

展望未来:对未来的专业成长进行规划。

三、参与人员

八所春雨学校春雨种子教师以及教导主任;华东师大基教所专家及研究生(黄忠敬教授,刘世清副教授,程亮副教授,研究生方小娟、陈静、吴煌、吕晓蕊、徐志伟)救助儿童会项目管理者(秦艳)。

四、培训时间及地点

2015 年 3 月 10 日 9:00—4:30,于上海市闵行区申富路 788 号得丘园 101 会议室。

五、培训内容及活动记录

(一) 黄忠敬教授对课题组三年培训的回顾与总结

1. 培训理念

(1)《儿童权利公约》。儿童具有四大权利:生存权、发展权、参与权、受保护权,应当铭记于每一位教师的心中。儿童友好学校体现了公平、全纳的思想。

(2) 参与式教学。参与式教学既是一种新的教学理念,又是一种新的教学方式。这种理念强调以学生为中心,重视学生在教学过程中的自主参与,强调平等对话、做中学,其关键词是全纳、合作、自主、探究、尊重等。需要注意的是,参与式教学没有固定的方法和技巧,体现的是一种重视儿童主体性的教育理念。

参与式教学的方法有很多,由于时间有限,资源有限,此项目着重介绍了问题式教学、合作式学习、教育戏剧。此外,参与式教学的方法还包括头脑风暴、讲故事、辩论等。

2. 培训过程

培训原则采取理论与实践相渗透,统一与自选相结合,个体与群体相促进;在形式上,包括集中培训、工作坊、录像分析、现场听评课、经验分享、头脑风暴等;流程是"引入专题模块新概念——根据理念开展教学设计——教学实践与反思——过程性总结与反馈"。

培训内容包括三大模块:理念培训——儿童权利公约;通识培训——参与式教学的理论与方法;专题培训——提问、小组合作、教育戏剧(这是一个很新颖的方式,也是比较前沿的方法,重点是教育戏剧与课堂教学的有效结合)。

3. 工作回顾

培训阶段包括 培训方案设计(走访调研,方案反馈)——试点培训——正式培训——教材研发——总结评估(包括自我评估和第三方评估)。

在3年的工作中,我们培训范围涉及7所春雨学校,培训春雨教师100位,其中种子教师15位;开展集中培训20余次;开展听评课活动56节,跨校听评课活动7次;开展课堂视频分析100多节;研发培训教材:《参与式教学指导手册》《参与式教学300问》等,今天培训的重点内容也是这两本教材。

培训团队包括华东师范大学团队、上海戏剧学院团队、救助儿童会团队等,培训团队的实力是有目共睹的。在春雨计划中,我们采取"院校协同"方式,各方的努力让我们很受感动。

4. 工作成效

"春雨计划"项目由上海市评估院进行第三方评估,评估方法包括查阅资料、调查问卷、座谈、访谈等。第三方评估的结果是:教学理念得到了更新,调查问卷反映91%的受访老师认为自身的教学理念得到了更新;教学技能有了提升;师生关系得到了改善。此外,我们也进行了学校自评:包括学校自评报告、教师成长反思、学生成长故事等方式;高校评估:包括课堂观察量表(6张)、近三年学生的学习成绩、课堂教学视频、教案设计内容分析。尤其是在学校自评中,学生确实受到了感染,更喜欢现在的老师,师生关系更加和谐,这一点是十分可贵的。参与式教学注重的是素质教育、全面发展,对提高学生的成绩是否有效,我们也很担心。但就目前提交的各方评估结果,学生的学业成绩还是有上升趋势的。这说明参与式教学注重学生主体参与,还是能够促进学生学业水平提高的。此外,评估报告还展示了关于教师提问次数、提问技巧、教学类型、教学风格等每一项具体指标的数据对比)。

(二)分享故事——种子教师分享三年以来成长经历以及使用两本手册和后续校内培训存在的问题

1. 弘梅小学孙丽老师:以前上课只是想着完成教学任务、完成教学内容,但现在每次备课都会思考怎么把课上得与众不同,上出亮点,会尝试自己设计新的教案、设计课堂。我上的一节公开课《看月食》,就是以一个小广播站的形式开篇,由学生扮演小广播员通知大家看月食,然后播放整个月食的视频。这个效果很好,学生积极性特别高,评课老师们很认可,我也很开心。

黄忠敬教授点评:孙丽老师在参与式教学的培训中逐渐成为学校的骨干力量,由被动教转为主动思考、设计课堂,有自己的思想,课堂效果很好。

2. 弘梅二小王婷老师:我想从班主任的角度谈谈想法。我发现在参与式教学中,有时候学生在小组合作的情感上有冲突,有的学生不愿意跟成绩差的学生合作。我在一节班会课上,设计了一个"火场逃生"的游戏,游戏道具就是每个人用线牵引着一个玻璃小球,小球全部在一个小瓶子里,一旦"着火了",要赶紧把每个小球拉出来才算获胜。我希望他们发现只有按顺序、不争抢、一起合作才能用最快的时间使小球全部从瓶子里"逃"出来。后来我发现,有个成绩差点的、人缘不太好的学生的小球被拉出来后又被其他顽皮的学生丢进去了。这就让我反思,不仅在课堂上,在生活中的其他合作里,都要注意学生的情感合作。我觉得让学生学会在生活中分享和合作,是有助于他们在学习中合作的。

秦艳补充:我们编写的《生活技能》一书里有很多有趣的问题处理方法,强调探究、技能、思考,这与参与式教学的很多理念也是相通的。

3. 塘湾小学汪军老师:以前学习的时候我们有同学模拟上课,现在面对的是真实的学生,每次课都会自己先设计、思考一下。我觉得在小组合作中要注重小组、同桌、师生之间的有效合作,这样课堂氛围特别活泼、开放,学生的模仿也十分生动。

　　黄忠敬教授点评:我们在设计培训计划的时候,一开始很担心低年级的学生会不适应,后来听课发现学生们很开心,课堂气氛特别好,事实证明参与式教学同样适用低年级的学生。

　　4. 银星小学张飞翔老师:我们学校主要是学习"教育戏剧",我就谈谈这方面的感想。我上的公开课《我的伯父鲁迅》,就设计了一个课本剧的形式。学生表演得非常精彩,尤其是一个学生演受伤的车夫,语气、神情十分到位;后来上《苏武牧羊》课,我让学生改编、表演课本剧,学生居然主动做好了道具,我十分感动。我想这样的课堂是他们都喜欢的、想要的,积极性也很高。

　　黄忠敬教授点评:张老师在逐渐成长为研究型的教师,他的公开课融入了参与式教学的很多环节,综合了许多有效的方法,包括学生的互评、多种方式的提问、小组的合作、角色分配、戏剧表演等,十分精彩。

　　5. 育苗小学匡晶老师:在春雨计划的培训中,我学到了教育戏剧的方法,用在《蜘蛛织网》《狐假虎威》等课堂教学中,逐渐得心应手。通过培训,我学到了不少参与式教学的方法,课堂上也注意使自己的提问方法更加多样。我们学校很重视家校合作,现在我们在一些公开课中,也邀请家长们来听课,在家校合作中渗透参与式教学的方法,打破了以往的常规。有家长对我说,这样的课,孩子可以玩、可以跳,没有孩子不喜欢。家长对学校的认可,使得教师和家长的关系更加融洽,互动增多,学生的自信心也提高了。

　　黄忠敬教授点评:育苗小学全面开花,家校合作、参与式教学在学校的推动力度很大,老师们也非常投入。

　　6. 文馨学校高松老师:以前一直没找到自己的教学方法,没有中心点。参加春雨项目收获很大。讲几个小故事:现在学校开了一门"法律课堂",我设计了一个关于校园生活的辩题,采用辩论式的课堂,学生积极性很高,效果很好;2014 年 11 月,我又上了一节公开课"supermarket",让学生在教室这个模拟超市里购物,后来一个女生主动把薯片给了听课老师分享,令我很感动,觉得这节课的情感教育很到位。另外,参与式教学的理念让我对课堂有了自己的把握,课堂上活了,什么时候该收该放,可以拿的稳了。

7. 华星小学某老师:一是思想的变化:教育思想得到了更新,学到了参与式教学理念和方法。二是学生发生了变化,以前高年级的学生举手很少,现在课堂学生变得活泼,气氛很好。三是我校的特色课程"我们大家说"融入了参与式教学方式,开发的"我们的节日"课程融入了教育戏剧的方法,这些让学生的表达能力得到提高。

(三)分组讨论——设计《参与式教学指导手册》的实施方案(用 SWOT 分析法分析培训目的、培训内容、培训方式、支持条件)

这本指导手册,就是种子教师们给其他教师培训参与式教学理念、方法所用的教材,我们编写这两本教材的目的也是希望老师们获得可持续的发展。这个"可持续"讲的一是种子教师自身的可持续发展,不断更新、不断提高;二是带动学校其他教师的可持续发展。这点希望大家了解。

分组讨论结果呈现与交流:

1. 塘湾小学、育苗小学

(1)现状分析

优势(Strength)	劣势(Weakness)
1. 参与式教学的培训有了理论支持 2. 有丰富的参与式教学实践经验	1. 参与式教学由下而上推进有困难 2. 在后续工作的推进中,缺少专家支持 3. 缺少培训的相关经验 4. 平时教学工作量大
机遇(Opportunity)	挑战(Threat)
在学校教学工作中有较多的外出培训机会及公开课展示的机会	1. 作为参与式教学培训师难度大 2. 与平时教学活动存在冲突

(2)实施任务

① 利用年级学科教研活动,推广参与式教学理论,实践参与式教学;

② 在研磨教研组公开课过程中,指导开课教师把参与式教学的理念和方法融入课堂;

③ 课后利用学校公共平台分享交流学习经验,推广参与式教学;

④ 可以通过课题研究的方式,共同推进参与式教学。

（3）条件保障

① 学科教研组给予充足的活动时间和相关的支持；

② 给予培训师更多的学习及提升的机会，并给予一定的肯定和鼓励；

③ 华东师范大学给予种子教师在职研究生的学习支持。

2．文馨学校、文河小学

（1）现状分析

优势（Strength） 1. 教师都是年轻人，有想法、主动参与 2. 与学校的战略目标一致，学校大力支持 3. 依靠项目带动学校的发展 4. 教师通过春雨计划已形成行为自觉	劣势（Weakness） 1. 培训师经验不足，缺少培训 2. 实施后缺少后期指导 3. 教师课时任务重 4. 班额大，划分有效的小组有困难
机遇（Opportunity） 与教育改革、课改等理念一致	挑战（Threat） 1. 需要在参与式教学的推广中提高学生的成绩 2. 缺乏参与式教学评价机制 3. 小组合作中任务分配和时间把握存在困难

（2）实施任务

① 种子教师给全校教师做参与式教学的理念培训；

② 把参与式教学与校本研修结合在一起；

③ 调研不同学科教师的需求，分组培训；

④ 分享小组合作教学的细节和技巧；

⑤ 视频课分析，现场问答。

（3）支持和保障

① 专家定期诊断和指导；

② 救助儿童会提供支持；

③ 建立奖励评价机制，鼓励教师的积极性。

3. 银星学校、华星学校

（1）现状分析

优势（Strength）	劣势（Weakness）
1. 学校领导高度重视 2. 有了参与式教学的理论支撑 3. 三年来的经验沉淀	1. 客观：班额大、教学任务重、无专项资金支持、缺乏专门教室 2. 主观：教师有畏难情绪、安于现状
机遇（Opportunity）	挑战（Threat）
1. 符合课改、教改理念 2. 教育部门对项目高度重视 3. 专家、儿童救助会关注与参与	1. 家长的期望值高 2. 生源状况不稳定 3. 与家庭的支持密不可分

（2）实施任务

① 针对参与式教学展开校本研修；

② 开展主题教研，以《参与式教学指导手册》为指导；

③ 专家讲座；

④ 成果梳理和呈现。

（3）条件和保障

① 将参与式教学的推广列入学校年度规划；

② 救助会、高校专家团队提供支持；

③ 提供激励机制。

4. 弘梅小学、弘梅二小

（1）教育理论改变

① 由教师教授转向引导学生合作；

② 由学生被动接受转向主动探究。

（2）优势

① 领导重视和支持；

② 师资力量雄厚；

③ 学生有一定的基础；

④ 学校开展各种活动推广参与式教学的理念。

（3）劣势

① 班级人数多、空间有限；

② 学生合作意愿和方法需要指导；

③ 师生的流动性比较大。

（4）实施任务

① 通过看书、看视频进一步学习参与式教学的理念和方法；

② 通过教研组活动学习参与式教学；

③ 以自身班级的行规、学习引领其他班级。

（5）条件与保障

① 教学目标与参与式教学有效融合；

② 校方给教师更多的时间研究和学习。

（四）专家点评——程亮副教授、刘世清副教授对讨论结果进行点评

程亮副教授：就老师们提出的方案来说，我想说四点建议：第一，明确我们的角色定位。我们是种子老师，应该定位为一个培训者，这个角色要明确，这样我们的方案才能明确，才可以针对这些分析的利弊，通过自身来影响别的老师。第二，目标是什么？目标的提出应该指向明确，有学科的区分等。就我看来，项目是希望种子老师把参与式教学的方法传授其他老师。第三，方案在任务设计上要更加具体。作为培训者，要考虑在教研中通过什么方式影响别的老师，以何种途径将这些参与式教学的理念和方法传播给其他老师。第四，方案设计的可行性，应该从自身的优势、资源、条件、可以获得哪些方面的支持等来综合考虑。一个方案的可操作、可行性十分重要。

刘世清副教授：第一，我们大家在做一件正确的事情。参与式教学，我们可以理解为"教学即参与""参与即教学"，这是对教育观念的一个新的思考，这种教育理念带给学生和教师自身新的变化，尽管一时我们可能有这样那样的难处，但我们要知道我们正在做的，是一件正确的事情。第二，参与是多维的。参与式教学的培训不仅有行动上的参与，还有情感的参与，我身处其中也很受感动。一件正确的事情有了情感的参与，我们热爱、相信这件事情，再难也能做下去。希望我们种子老师在培训自己学校的老师时，可以调动被培训老师多方面的参与，包括情感和行动等方面。

（五）Jigsaw 合作学习——分组讨论《参与式教学 300 问》中最有用的 5 题以及为何有用；回答得不理想的 5 题以及如何有效回答

1. 第一单元"儿童权利公约"

	最有用的5个问题	为何有用？	回答得不理想的5个问题	如何有效回答？
1	问题 9	分类明确，可操作性强	问题 19	从教学和班级管理两个角度回答
2	问题 16	与教育联系紧密	问题 21	关于"儿童"的年龄说法法是存在争议的，需考证
3	问题 32	对教师和家长赋予儿童参与权的影响较大。加入媒体宣传儿童的案例	问题 57	缺少"家庭"的维度
4	问题 59	列举详细，可操作性强	问题 38	划分维度不清晰，可以分为以下 4 类：1. 忽视；2. 暴力伤害；3. 性虐待；4. 精神虐待
5	问题 43	针对民办小学的具体情况，例如文化差异	问题 39	回答的第一句应该改为：被欺负和被骚扰是儿童不愿上学的重要原因之一

2. 第二单元"参与式教学概论"

	最有用的5个问题	为何有用？	回答得不理想的5个问题	如何有效回答？
1	问题 15	具有指导性	问题 14	不够明确，参与形式要积极主动
2	问题 32	后进生问题很关键，操作性强	问题 24	可以更深入
3	问题 36	操作性强	问题 21 和 46	重复回答
4	问题 42	指导明确	问题 41	规定具体时间不切合课堂实际
5	问题 28	操作性强	问题 47	回答应该分类系统化

3. 第三单元"问题式学习"

	最有用的 5个问题	为何有用？	回答得不理想 的5个问题	如何有效回答？
1	问题5	指导性强	问题3	补充：教师提问缺乏有效性
2	问题10	对后进生有意义	问题40	应该关注进度和教材方面
3	问题21	体现了为什么要学生去提问	问题48	少了具体措施，学生无意识；要有趣味性和挑战性，留出足够的时间，让学生质疑；提供导学单、任务单；提供奖励，例如小组计分
4	问题12	给教师理论支撑	问题8	不太恰当，开放性问题也是需要进行正面的引导的
5	问题27	指导意义	问题42	增加：一定要符合本班学生的实际情况

4. 第四单元"合作式学习"

	最有用的 5个问题	为何有用？	回答得不理想 的5个问题	如何有效回答？
1	问题4	多角度回答	问题45	开始前：明确学习任务 过程中：教师要巡视、指导。采用学生状况反馈的三色牌方法 学习后：成果展示、互评、教师反馈
2	问题17	教师关注度高，很适用	问题31	建立激励机制、建立信心，课后沟通，培养小组成员意识
3	问题22	问题很具体，措施很好	问题29	教师先指定，后逐渐自愿
4	问题55	很适用	问题37	红、黄、绿牌方法
5	问题33	给出原因，然后再给出解决措施，操作性强	增加问题：如何培养学生独立思考能力？	在小组合作开始前，给学生一些独立思考的时间，让学生充分思考

5. 第五单元"教育戏剧"

	最有用的5个问题	为何有用?	回答得不理想的5个问题	如何有效回答?
1	问题19	可进行有效教学	问题34	与教学实际关系不大
2	问题39	可运用于课堂	问题49	太理论,高大空
3	问题32	教师自身角色更好地转换,活动更有效	问题43	可增加:学生自评、家长评价
4	问题30	结合实际,及时提出哪些问题	问题31	与问题30重复
5	问题23	直观地介绍了教育戏剧的方法	问题51	只关注教师,没有尊重学生发展规律

附录二　参与式教学课堂观察系列评价表

课堂观察评价表
实 施 方 案

学　校_____　学　科_____　年　级_____
被观察者_____　观察者_____　观察日期_____
教学内容_____　课型（新授课/复习课/练习课/讲评课/实验课）

第一部分　课的特点

I. 教学类型或风格检核表

教学类型		是/否（√）
以教师为中心的教学	（1）讲授法	
	（2）记忆与操练	
以学生为中心的教学	（3）合作式学习	
	（4）课堂小组讨论	
	（5）问题式学习	
	（6）模拟与游戏	
	（7）戏剧表演、角色扮演	
	（8）辩论	
	（9）头脑风暴	
	（10）讲故事	
	（11）概念地图、思维导图、知识树	
	（12）个别辅导	

II. 描述

请用三个关键词或一句话来描述你所观察到的课堂特点。

_____
_____

第二部分　课的等级

III. 课堂观察"五维度"

评价指标		1 最差	2	3	4	5 最好	分值合计	等级
教学目标的达成度	教学"三维"目标、重点难度清晰							
	本课教学目标与单元目标有联系							
	教学考虑到学生的基础与发展水平							
	教学目标体现出育人价值							
教学环节的清晰度	上课前提出明确的学习目标							
	清楚简洁地表达教学内容							
	清晰和具体的指导语							
	总结与反馈即时有效							
	教学节奏恰当							
教学过程的开放度	以学为主							
	开放性问题							
	学生有自主学习的时间和空间							
	照顾到个别学生的特殊需要							
	教学方式或方法的多样性							
	教学工具的使用适切（如图示、例子、PPT、模型、实物等）							
学生学习的参与度	全员参与（不是部分参与）							
	主动参与（不是被动参与）							
	多层参与（认知、情感、思维等）							
	师生互动（提问、鼓励、指导等）							
	生生互动（讨论、小组合作、探究等）							
教学资源的生成度	教材或课堂之外的教学资源利用							
	学生差异资源的利用（性别、民族、语言、能力、家庭背景等）							
	学生错误资源的利用							
	高层次的思维（灵活性、批判性、创新性等）							

IV. 课的总评等级

请你对所观察到的这节课作出自己的判断

课的等级	等级描述	您的判断(√)
水平 1 无效教学	教学没有提升学生对学科的理解或发展他们的综合能力。表现为:(1) 被动学习,教学是死板的和没有活力的。学生从教师和教科书那里被动接受信息;材料用大多数学生难以接受的方式呈现。(2) 为活动而活动,学生进行一些动手活动或其他个体和群体工作,但是似乎为活动而活动。课堂缺乏清晰的目的性和与概念发展之间的关联。	
水平 2 低效教学	教学是有目的的,体现出有效教学的几个因素。学生有时进行一些有意义的工作,但是在教学的设计、执行或内容方面存在不少问题或有一些弱点。如教学没有充分考虑到学生的需要,内容不适当,没有注意到学生的困难,没有注意到学生文化的多样性等。	
水平 3 有效教学	对大多数学生来说,教学是有目的和吸引力的。学生积极参与有意义的工作(如调查、教师呈现、相互讨论、阅读)。这节课设计好,教师执行得力,但内容或教学对学生需要和兴趣的适当性方面有限。教学完全能够增强大多数学生对学科的理解和发展他们的综合能力。	
水平 4 高效教学	教学是有目的的,所有学生高度参与,所有时间都在进行有意义的工作(如调查、教师呈现、互相讨论、阅读)。这节课设计好,执行巧妙,对学生需要和兴趣灵活反映。教学极大地增强了学生对学科的理解和发展了他们的综合能力。	

附录二
参与式教学课堂观察系列评价表

课堂观察记录表

课堂观察前记录

学　校_____　　学　科_____　　年　级_____

被观察者_____　　观察者_____　　观察日期_____

教学内容_____　　课型（新授课/复习课/练习课/讲评课/实验课）

教师的教学目标_____

教师让观察者观察的重点_____

课堂观察记录

时间	课堂环节	观察者的解释或疑问

时间	课堂环节	观察者的解释或疑问

课堂观察后反思

本课的教学目标达成情况？_____

_____

本课的教学方法是否恰当？_____

_____

学生的参与情况如何？_____

_____

本课的教学优点与缺陷有哪些？_____

_____

教师课堂提问范围观察图

学　校＿＿＿＿＿＿　　学　科＿＿＿＿＿＿　　年　级＿＿＿＿＿＿

被观察者＿＿＿＿＿＿　　观察者＿＿＿＿＿＿　　观察日期＿＿＿＿＿＿

教学内容＿＿＿＿＿＿　　课型（新授课/复习课/练习课/讲评课/实验课）

【使用说明：每一个格子和编号代表一位学生，根据教师提问的对象，在提问对象下面画上箭头↑，一个箭头表示提问一次。有学生小组讨论时，同桌/前后桌两人讨论用"⇌"或"↑↓"；表示三人或三人以上用"✕"表示。学生主动向教师提问用"☆"表示；师生交流则在对应的编号中以"↕"表示。请在对应的空缺座位上划"×"。】

				讲　台					提问次数	提问人数	每排人数
A1	A2		A3	A4	A5	A6		A7	A8			
B1	B2		B3	B4		B5	B6		B7	B8			
C1	C2	走	C3	C4	走	C5	C6	走	C7	C8			
D1	D2		D3	D4		D5	D6		D7	D8			
E1	E2	廊	E3	E4	廊	E5	E6	廊	E7	E8			
F1	F2		F3	F4		F5	F6		F7	F8			
G1	G2		G3	G4		G5	G6		G7	G8			
H1	H2		H3	H4		H5	H6		H7	H8			
合计	提问参与率＝总提问次数/班级总人数				提问覆盖率＝提问总人数/班级总人数						
	小组讨论次数				学生向教师提问次数				师生交流次数		

教师提问观察表

学　校＿＿＿＿＿＿　学　科＿＿＿＿＿＿　年　级＿＿＿＿＿＿

被观察者＿＿＿＿＿＿　观察者＿＿＿＿＿＿　观察日期＿＿＿＿＿＿

教学内容＿＿＿＿＿＿　课型（新授课/复习课/练习课/讲评课/实验课）

【使用说明：将课堂中教师提问的问题记录下来，对问题类型和学生回答等情况，在相应的格子里用"√"表示，最后计算总数、百分比。】

问题	提出问题的类型					停顿			挑选答题的方式					反馈方式			
	记忆型	理解型	应用型	分析型	综合型	评价型	提问后没有停顿或不足3秒	提问后适当停顿3—5秒	提问后停顿过长	学生答不出来耐心等待几秒	特殊需要学生适当多等几秒	提问前先点名	提问后让学生齐答	提问后叫举手者答	提问后未举手者答	提问后改问其他学生	打断学生回答或自己代答	不理睬学生回答或消极评价	重复自己的问题或学生答案	对学生回答鼓励称赞	对学生进行追问	使学生相互评价

合作学习检核表

学　校＿＿＿＿＿＿＿　　学　科＿＿＿＿＿＿　　年　级＿＿＿＿＿＿

被观察者＿＿＿＿＿＿　　观察者＿＿＿＿＿＿　　观察日期＿＿＿＿＿＿

教学内容＿＿＿＿＿＿　　课型（新授课/复习课/练习课/讲评课/实验课）

序号	检核项目	非常不符合	比较不符合	一般	比较符合	非常符合
1	教师采取小组合作的学习方式	1	2	3	4	5
2	教师合作学习的目标明确	1	2	3	4	5
3	教师分组方式合理	1	2	3	4	5
4	教师的指导语不清晰	1	2	3	4	5
5	讨论的主题缺乏挑战性	1	2	3	4	5
6	教师讲解合作规则和纪律	1	2	3	4	5
7	教师讲解合作技巧	1	2	3	4	5
8	教师有合作讨论时间的提醒	1	2	3	4	5
9	教师有小组或团队表扬	1	2	3	4	5
10	教师鼓励学生之间的互帮	1	2	3	4	5
11	教师创造小组之间的互动机会	1	2	3	4	5
12	课堂出现有小组无合作的现象	1	2	3	4	5
13	小组成员角色意识强	1	2	3	4	5
14	小组成员的分工明确	1	2	3	4	5
15	小组成员积极的相互依赖	1	2	3	4	5
16	学生会专心倾听同伴的发言	1	2	3	4	5
17	学生之间主动地互帮互学	1	2	3	4	5
18	学生积极评价别人的优点	1	2	3	4	5
19	学生具备沟通的技巧	1	2	3	4	5
20	学生有面对面的讨论或互动	1	2	3	4	5
21	学生个体的责任意识强	1	2	3	4	5
22	有学生互评的活动	1	2	3	4	5
23	学生讨论互动的时间不足	1	2	3	4	5
24	课堂体现了学生平等的参与机会	1	2	3	4	5

参与式教学指导手册
The Manual for Participatory Teaching and Learning

学校

教师姓名

教师成长反思

题目：

> **写作提示**：参与式教学培训已经经历了三年的时间，目前已经接近尾声。为了了解您在过去三年中的成长历程，请以"我与参与式教学"为题，写一篇个人成长历程的反思文章。内容包括标题、背景或缘起、过程、收获与反思等。我们将推荐优秀作品给杂志发表并汇集成册，也作为颁发结业证书的重要依据。（具体题目自拟，字数不限）

说明：《教育小故事》（教师卷）五个工作日之后上交。电子版由校方收齐后打包可发送至给定投稿信箱。

学校	

年级	

我眼中的课堂

写作提示：亲爱的同学，你在学校与_____老师的课堂学习中，是否感受到课堂教学方式的变化，请你以"我眼中的_____课堂"为题写一篇小作文，与我们分享。（400字左右）

说明：《我眼中的课堂》（学生卷）五个工作日之后上交。电子版由校方收齐后打包可发送至给定投稿信箱。

附录三　课堂质量观察报告

问诊课堂提问,提高教学的参与度[①]

一、研究背景

三年之前,我们承担了一项由国际救助儿童会、上海 M 区教育局和教育部人文社会科学重点研究基地华东师范大学基础教育改革与发展研究所三方合作的公益项目"春雨计划",旨在了解上海进城务工人员随迁子女学校师生生存状态,提升课堂的教学质量,促进学生的文化融合,通过参与式教学培训等变革策略促进他们享有更加平等和更高质量的基础教育。

在项目启动之初,课题组开展了为期一个月的基线调研,目的是了解这类学校课堂教学的现状,发现教师面临的困难与问题,为接下来的课堂教学变革和教师教育培训提供基础和支撑。为此,课题组开发了一套针对教学评估的课堂观察工具量表,包括课堂观察轶事记录、课堂提问范围、课堂提问类型、课堂教学风格与质量评价表等定量与定性相结合的观察工具,随机抽取七所学校作为样本,每所学校对语文、数学和英语学科平均观察四节课,由同事、同伴、研究者等观察者进行细致完整的观察记录,并写出分析报告,发表在《基础教育》2014 年第 3 期上。

在课堂观察和访谈等的基础上,我们设计了教师培训的初稿,在吸纳教师反馈建议的基础上确定了正式的培训方案。我们运用联合国《儿童权利公约》的理念,从儿童友好学校的视角,运用参与式教学的理念和方法,对这些学校的四十多名"春雨教师"进行了为期三年的培训。如今,三年已经过去了,课题也进入了评估结题阶段。教师们是否把参与式教学的理念转化为课堂上的教学行为?这三年的

[①] 此报告的执笔人为黄忠敬、王美玲。参与此次评估的人员还包括杨小微、程亮、刘世清、李婴宁、陈新煌、秦艳以及 15 位来自项目学校的春雨教师和华东师范大学教育学系的十几位研究生。此报告发表于《基础教育》2015 年第 4 期。

教师教育培训效果到底如何？带着这些问题，我们运用三年之前的观察工具进行了再次观测，通过三年前后的数据对比来分析教师的变化以及课堂教学质量的变革情况。

二、观察对象、工具与过程

（一）课堂观察对象

2014年底，"春雨计划"项目已经进入结题阶段。除了邀请上海市教育评估院开展第三方评估之外，课题组还组织了自我评估，以三年前确定的七所项目学校为样本，在每所学校随机选取两节课，运用原有的课堂观察量表再次对语、数、英的14节课进行了观测，从前后对比的视角了解教师的教学和课堂的实际变化。为了便于统计和前后比较，本次信息汇总采用与三年前相一致的课堂编码形式，即赋予每所学校一个主代码，每节课则以副代码标记（如表1所示）。

表1　2014年课堂观察对象基本信息汇总

课程代码	年级	科目	课型	内容
1.1	一	语文	新授课	《风姑娘送信》
1.2	四	英语	新授课	In the Supermarket
2.1	四	语文	新授课	《赤壁之战》
2.2	三	英语	新授课	In the Park
3.1	二	语文	新授课	《狐假虎威》
3.2	五	数学	新授课	《用字母表示数》
4.1	三	语文	新授课	《牛顿在暴风雨中》
4.2	三	英语	新授课	About Me
5.1	四	语文	新授课	《一枝白玫瑰》
5.2	四	数学	新授课	《分数加减法》
6.1	五	语文	新授课	《我的伯父鲁迅先生》
6.2	五	英语	新授课	Seeing the Doctor
7.1	一	语文	新授课	《比尾巴》
7.2	一	英语	新授课	Super Kitty

表2 两次课堂观察对象基本信息对比

	2011(年)	2014(年)
年级	二、三、四、五	一、二、三、四、五
科目	语文、数学、英语	语文、数学、英语
课型	新授课、复习课、展示课	新授课
学校数	4	7
课程总数	16	14

如表2所示，2011年和2014年课堂观察对象的信息基本一致，主要涉及年级、科目、课型等方面。在年级上，涵盖了1—5年级；在科目上，涉及语文、数学、英语三门学科，观课总数量基本接近；在课型上，以新授课为主。这些一致性增强了前后数据之间的可比性。

（二）课堂观察工具

观测工具仍以2011年课题组开发的一套课堂观察量表为主，主要包括四个部分：

（1）"课堂观察记录表"，主要记录课堂教学环节、时间安排、观察者的解释或疑问等，后面附填观察者对教学目标达成、教学方法使用、学生参与情况的描述，以及对授课教师教学的课后反思。（2）"课堂提问范围观察图"，主要反馈教师的课堂提问问题、提问频次、师生互动范围等。需要观察者记录教师的问题、提问次数，学生的发言次数，前、后排发言次数，并据此计算教师提问参与率、提问覆盖率。另外，本次新增"前后提问机会均等率"这一分析维度，以班级前后位次学生平等参与课堂提问的机会来反映教师提问能力的变化。（3）"课堂观察提问表"，主要从提问的类型、提问后的停顿、挑选回答的方式以及教师反馈方式四个方面反馈授课教师的课堂教学提问技巧。观察者需要记录教师所提的问题，对不同问题的提问类型作出判断，并将其划归到相应的提问类型之下，之后写出对整堂课的观察反思。（4）"课堂观察评价表"，主要反馈教师的教学类型和教学风格，需要观察者对教师所用教学方法作出选择，之后再以"关键词"的形式来记述课堂的整体教学特点。该量表由两部分构成，一部分从教学目标达成度、教学环节清晰度、教学过程开放度、学生学习参与度以及教学资源生成度五个维度对教师的课堂教学进行等级评定。其中，每一维度的细分指标有1—5的分值，总分值介于24—120分之间，平均分成四个分数段,表示四个等级。观察者首先根据每一维度上的具体指标对课堂教学给出评定,获得每个维度的分值,然后将五个维度分值累加得到总评成绩。另一部分,观察者直接根据课堂教学在总评等级表上给出评定,总评等级表分为四个等级,等级一为无效教学,等级二为低效教学,等级三为有效教学,等级四为高效教学。四个等级分别对应于第一部分24—120之间的四个分值区间。

该套量表既有注重描述的记录表和观察表,也有注重数量统计的频率表和等级表。通过数字化资料和非数字化资料(如文字)两种形式呈现课堂观察资料,巧妙地将定量和定性两种研究方法融于一套量表之中,一定程度上完整呈现了课堂教学的样貌。每个分量表都从定性和定量两个方面来展现课堂的不同方面。各个分量表之间可以根据测查内容的不同进行拆分组合,使以不同方式呈现的同一课堂信息彼此相互印证,从而保证了获取资料的真实性。比如,课堂观察提问表显示某教师提问的问题主要是记忆型的,那么在课堂观察检核表中,该教师的教学方式一般会是以记忆、讲授为主,而课堂观察轶事记录表中对该教师教学方法的描述也会是"注重讲解""知识记忆"这样的语词。"课堂观察记录表""课堂提问范围观察图""课堂观察提高表""课堂观察评价表"是由不同的观察者作出的,不同的观察提供了几乎一致的信息,那么我们基本可以肯定,该教师的教学风格是以教师为中心,注重单向提问,学生合作、互动机会少,因而可以判断,该教师还没有树立参与式教学的理念,或者还不具备将参与式教学运用于课堂的能力。反之亦然。

但是,量表的观测数据毕竟不同于自然科学的实验数据,不可重复获得。即使已得到的数据,也可能存在因各个量表之间信息不一致而要求多方求证或给出合理解释的情况。因此,该套数据对课堂教学的解释性和预测性目前还不能做到十分精确,得出的结论也只能作为参考性建议。

需要说明的是,2014年的课堂观察中将量表四"课堂观察检核表"和量表五"课堂观察五维度测量表"的内容相结合,构成了一个量表"课堂观察评价表",本报告为了分析的需要,仍然按照两个量表将数据分开处理。另外,观察还新增了合作检核表用来观测教师运用合作式教学的情况,但是因数据缺失较多无法获得可靠信息而未在报告中体现。不过,该量表作为一个有效的观测工具值得重视。

（三）课堂观察过程

1. 观察人员

本次课堂观察人员由参与课题组的高校研究人员和一线教师两个群体组成，高校研究人员包括大学老师和部分研究生，一线教师包括三年以来一直参与春雨项目培训的15位种子教师和部分学校的中层管理者。

2. 观察过程

在课堂观察开始之前，课题组对观察者进行培训，讲解观察的相关知识和技巧以及具体要求。在观察过程中，通过教师同伴之间的校际轮流听评课活动，收集评估课堂教学质量的数据。为避免单个观察者的评价过于主观，同一个量表通常由2—4名观察者同时填写，因而一次课堂观察一般由十几名观察者组成，而且这些观察者不仅来自本学科，还来自另外两个学科，实质上是一种跨学科的课堂观察。观察结束后，统一回收课堂评价表，整理分析数据资料。为了控制一些变量的可能影响，课堂观察是在一个相对集中的时间开展的，这在一定程度上保证了观察的内部一致性。

三、观察结果比较与分析

以"参与式教学"为理论视角，对2011年和2014年三年前后课堂教学的变化情况进行比较和分析，以此反映教师教学的进步程度。主要从教师课堂提问质量、教学形式与教学风格和课堂质量评价三个方面进行分析。

（一）教师提问的"量"与"质"

课堂提问，主要是教师问什么、怎么问、向谁问、发问次数以及问后反馈等。向谁问和发问次数体现在课堂提问数量上，而问什么、怎么问、问后的反馈和评价则体现了课堂提问的质量。

1. 课堂提问数量发生变化

课堂提问数量的变化，主要通过对前后两次教师课堂提问次数和提问中学生分布及范围的比较来体现。表3为2014年教师课堂提问次数汇总。其中，有三节课所在班级的班级人数缺失，我们取其他班级人数的均值作为近似值对缺失的班级人数进行了填补。

附录三
课堂质量观察报告

表3 2014年教师课堂提问次数汇总

课程代码	提问总频次	被叫学生数	前4排次数	后4排次数	提问参与率(%)	提问覆盖率(%)	前后提问机会均等率(%)	班级人数
1.1	21	21	11	10	46	46	91	46
1.2	13	11	4	9	28	24	225	46
2.1	18	13	10	8	45	33	80	40
2.2	44	30	24	20	105	71	83	42
3.1	26	18	9	17	53	37	189	49
3.2	37	30	19	18	95	77	95	39
4.1	19	19	11	8	40	40	73	48
4.2	81	43	45	36	169	90	80	48
5.1	42	24	20	22	100	57	110	42
5.2	46	32	19	27	87	60	142	53
6.1	15	14	9	6	31	29	67	48
6.2	25	21	15	10	57	48	67	44
7.1	28	25	16	12	58	52	75	48
7.2	29	19	24	5	63	41	21	46

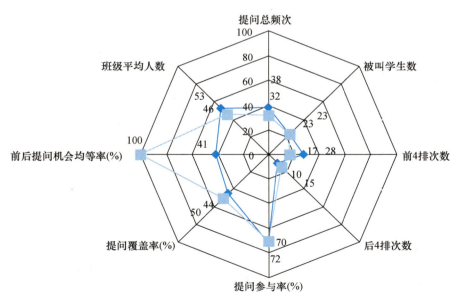

图1 两次课堂观察教师提问次数对比

215

图1是三年前后教师课堂提问次数的指标对比。比较的指标有提问总频次、被叫学生数、班级人数、提问参与率、提问覆盖率、前后排被叫学生数以及前后提问机会均等率。其中,提问参与率、提问覆盖率和前后提问机会均等率是三个关键性指标。提问总频次是课堂中教师提问的总次数,包括教师发问、学生发问、师生对话、小组交流、同桌/前后桌交流等的次数之和。被叫学生数,是教师提问中参与回答和交流的学生数。提问总频次、被叫学生数占班级总人数的比率,分别代表课堂提问参与率和提问覆盖率。两个数值越大,说明提问到的学生人数越多,提问到的机会越大,反之,则人数越少,机会也越小。前4排、后4排次数分别代表教师对排位靠前部分学生与排位靠后部分学生提问的次数。由于先前的观测显示,教师提问多集中在排位靠前的学生,本次我们用座位靠后学生的提问次数与排位靠前学生次数的比值,表示学生提问的均等分布情况,用百分数表示。"1"为最平衡状态,数值越大说明提问越集中于后排学生,数值越小则提问越集中于前排学生,数值偏大或偏小都表示教师提问没有均等地顾及到全体学生。通过分析三年前后教师在上述各项指标上的差异,可以了解教师提问"量"的变化,从而说明"春雨教师"教学提问能力的变化情况。图1说明,与三年前相比教师提问数量发生了如下变化:

(1) 学生人均答题次数基本不变,但参与答题的学生数量更多,覆盖面更广。两次提问参与率都保持在70%左右,说明教师比较注重课堂中对学生的提问,前后变化不大。提问覆盖率平均达到50%,比三年前高出6个百分点,教师在提问时能够关注更多学生,课堂提问的覆盖面比以前更宽、更广。将提问参与率与覆盖率结合起来,可以发现,教师原先的提问只是关注提问本身,而现在,提问更多是作为教学手段,目的在于引导更多学生参与到课堂中来,教师在更高层次上理解了提问之于教学的意义。

(2) 不同位次学生参与课堂提问的机会更加平等。2014年,前排、后排学生参与课堂提问的机会更加均等,均等率达到100%,趋向于"1"。教师在2011年以提问前排学生为主的情况发生了改变,后排学生在提问中获得了更多的答题机会,教师课堂提问的空间和视阈都更加拓展,基本能够做到面向全班全体学生。但是,也有个别教师课堂提问机会均等率达到200%,对此,不能简单理解为教师更加关注后排学生,需要结合课堂提问的形式才能得到合理解释。

(3) 除了提问之外,课堂组织形式更加多样,小组讨论的作用明显。

表4　两次课堂观察提问次数分布及范围对比

单位:人次/课

	2011(年)	2014(年)
教师提问	37	30
师生交流(含师生对话)	0	1
小组讨论	0	22
同桌/前后桌交流	1	8
学生主动发问	0	1

如表4所示,两次课堂提问中学生的分布与范围发生了较大变化。之前,课堂提问多采用一对一的"师问生答"形式,平均每堂课提问学生人次达到37人,仅有一节课采用了师生对话、同桌表演,教学形式单一,学生参与问答的愿望也不高。2014年,课堂提问形式有了较大变化,既有一对一的"师问生答",也有师生对话、小组讨论、同桌/前后桌交流,甚至还出现了学生向老师主动发问的情况。其中,小组讨论由原来的每课参与人次为"0"增加到22,同桌/前后桌交流人次也增加了7,而相应地,单纯"师问生答"的次数则减少为30。可见,课堂提问形式更加丰富多样,提问双方也更加平等互动,不仅调动了学生参与课堂的积极性,也激发学生更加主动思考、积极发问。对于提问机会均等率偏高的课堂,其小组讨论、小组交流、同桌/前后桌交流等形式已成为课堂的主流,"师问生答"只是作为补充形式存在。在课堂组织结构发生变化的情况下,不能就此得出课堂提问由关注前排学生到关注后排学生的结论,而是教师对学生整体的关注度提升了。

2. 课堂提问质量不断提高

课堂提问的质量,主要通过提问问题的类型、提问后停顿时间、挑选回答的方式、学生回答后的反馈方式四个方面加以体现。教师提问技巧观察数据对比图(图2),反映了三年前后教师课堂提问在这四个方面的数量变化,以及由此体现的质量的改变。按照图中从下到上的顺序,记忆型、理解型、应用型、分析型、综合型、评价型属于问题的不同类型,无停顿或停顿不足3秒、适当停顿3—5秒、停顿过长、答不出耐心等待几秒、特殊学生多等几秒属于停顿时间,点名提问、问后学生齐答、举手者答、未举手者答、改问他人、打断学生或自己代答属于挑选回答的方式,不理睬或消极评价、重复问题或学生答案、鼓励称赞学生答案、追问学生、学生互评属于教师对学生回答的反馈方式。对提问问题的不同指标进行数量统计,用均值变化来反映培训之后教师课堂提问质量的提升情况。图2显示,培训之后教师在提问问题的四个方面均发生了一定的变化。

图2 两次课堂观察教师提问技巧对比

（1）提问问题的主要类型由记忆型转向理解型，分析、综合、评价等类型均有明显增加。2011年，教师提问的问题以记忆型、理解型为最多，平均每节课大概有4个；培训之后，理解型问题提问最多，达到4个以上，其次是应用型、分析型问题，大概是3个左右，记忆型、综合型、评价型问题最少。其中，记忆型问题较培训之前明显减少，每节课平均减少了1个，而分析型、综合型和评价型都有明显增加。可见，教师提问的内容开始从书本转向生活，提问的关注点也从对知识的记忆、训练，转向强调学生对问题的思考、分析和应用。由此，我们认为当前教师的教学着眼点已经从"教"转向"学"，从知识传授开始转向能力培养，学生的理解能力和综合运用能力成为教师教学的核心。

（2）提问后的短暂停顿，给学生留出思考时间。前后两次课堂提问后，教师等待的时间发生了明显变化。2011年，教师在提出问题后基本不停顿或停顿时间不足3秒的情况最多，平均次数达到9次以上，教师在提问后希望学生马上回答；而2014年，多数教师在提问之后能够停顿3—5秒的情况最多，平均为7次以上，不停顿的情况减少到3次，可见教师已经能够做到在提问后给学生留出一定的思考时间。在不停顿或停顿时间过短的情况下，学生没有思考的时间，对问题的回答就变成机械式、背诵式的应答，学习活动只停留在较浅的层面上。提问后教师的"等待一会儿"，让学生有了思考的时间，从而实现对问题的理解、内化，甚至迁移运用。学、思相结合，使学生的学习活动进入深层，学习效果也更好。由于每次提问花费的时间增多，每节课提问的问题数量也相应地减少了，这与图2中所显示的2014年课堂问题平均比2011年少了2个的统计相一致。

（3）对学生回答的反馈方式更倾向于鼓励和赞许，追加问题的次数也更多。2011年，教师对回答的反馈方式通常是将提问问题或学生的回答再重复一遍，这种做法平均每节课为7次。其次是赞许和鼓励，为5次以上。2014年，教师更愿意用鼓励或称赞的方式给学生回答以支持，平均每节课增加到6次以上，在学生回答之后还会进一步追加问题，促进对问题的深入思考。而重复问题或学生回答的反馈方式下降到2次。这说明，教师的关注点已不再是问题本身而是学生，培训后教师已能够将反馈作为引起师生互动的手段来使用，教师所追求的不是问题的答案，而是学生对问题的思考，以及由思考而带来的学生成长。这与前述学生答题次数、教师提问问题类型的分析结果也不谋而合。

(4) 挑选回答的学生仍然以举手的学生为主,对未举手学生的关注度一直偏低。2011、2014 年教师让举手学生回答的次数平均每节课分别是 9 次、8 次,而点名回答、学生齐答、未举手者答等情况均不超过 3 次,教师提问后通常将举手的学生作为其关注的对象,对未举手的学生关注度不够,即使在培训后也没有采用更多的方式,让没有举手的学生有更多地参与回答问题的机会。

(二) 教师教学的类型与风格

课堂教学类型主要有以教师为中心的教学和以学生为中心的教学两种。前者主要采用讲授法和记忆、操练,后者采用合作式学习、课堂小组讨论、问题式学习、模拟与游戏、戏剧表演、角色扮演、辩论、头脑风暴、讲故事、概念地图、思维导图、知识树、个别辅导等形式多样的教学方式。同样,前者以教师讲授为主,注重对学生的记忆和训练,后者则多以小组合作的形式开展,教学主体间的互动是其显著特点。

1. 课堂教学类型对比

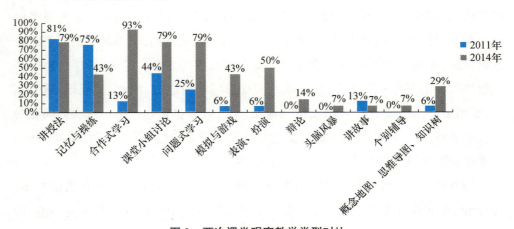

图 3 两次课堂观察教学类型对比

图 3 显示了 2011、2014 年两次课堂观察中教师教学类型的对比结果。该结果反映了教师对 12 种教学方式、方法的使用情况,以百分数来表示前后不同教学方式、方法的使用频率,以此体现教师教学类型的变化。

(1) 合作式学习成为主要的课堂形式。2011 年教师课堂中采用的主要教学方式是讲授法、记忆与操练,使用比率分别达到 81%、75%,其次是课堂小组讨论,为 44%;2014 年采用的主要教学方式是合作式学习、课堂小组讨论等,使用比率分别是93%、79%。采用合作式学习方式的次数明显高于其他教学形式,合作式学习已成为当前课堂教学中教师采用的主要教学形式。以记忆、练习为主的教学方式逐渐为小组、合作、讨论所取代,成为随迁子女学校课堂教学的日常形式。但这并不表示记忆、练习的教学方式没有价值,在以小组合作为主的课堂教学中,记忆和练习有助于知识的巩固和强化,对基础教育阶段学生的学习起着奠基作用。

（2）教学方法从单一走向多样化。2011年,讲授法、记忆与操练两种教学方式的使用比率都在70%以上,与其他方法相比具有绝对优势。然而,2014年使用比率超过70%的有合作式学习、课堂小组讨论、问题式学习、讲授法等,达到四种,更加丰富和多样化。多样化的教学方式充分调动了师生双方参与教学的积极性,课堂教学变得更加生动、有趣,课堂中几乎"所有在场的人"都充分参与到教学活动中,参与式教学的特点得以体现。这些方法,在表5所示的课堂特点描述中也得到了证明。

（3）讲授法仍具有独特价值。两次教学类型的观察结果表明,讲授法的使用比率基本没有变化,都处在较高水平,2011年为81%,2014年为79%。讲授是以教师为主的教学方式,而2014年使用比率较高的教学方式中既有合作学习、小组讨论、问题学习等以学生为主的教学方式,也有讲授这样以教师为主的教学方式,可见,讲授法在以学生为主的教学改革成为主流趋势下,仍具有不可忽视的价值,应当重新审视之。

2. 课堂教学风格改变

教师的教学风格主要通过课堂观察检核表中的课堂教学特点加以体现。课堂教学特点的变化主要通过相应的语言描述来反映,通过对课堂观察检核表中描述课堂特点的词语进行词频统计,可以在一定程度上反映出教师课堂教学风格的改变情况。为此,我们先对相应的描述性词语进行汇总、归类,然后再对同义词进行主题词提取,最后进行词频统计、绘制表格。表5为频次排名前十的主题词频次统计表。通过对比,分析前后两次课堂特点的主题词及其频次的变化,了解三年培训对教师教学风格所产生的影响。

表5 两次课堂观察教学风格主题词及频次对比

序号	2011（年）		2014（年）	
	主题词	频次	主题词	频次
1	练习、反复练习、训练	5	合作	7
2	讲解	4	参与	7
3	知识结构	3	趣味	5
4	气氛活跃	3	表演	4
5	记忆	2	互动	4
6	参与	2	主动、自主	3
7	课堂秩序	1	热烈	2
8	讨论、互动	1	问题、引导	2
9	趣味	1	讲授	1
10	资源利用	1	知识结构	1

（1）教学从知识型向知识、趣味兼顾型转变。2011年，描述教师课堂教学特点的词汇中，出现频次最高的是"练习""复习""讲解""知识结构"等，直接面对的是知识，注重知识的讲授、传递、巩固与获得。2014年，相应的描述性词汇出现频次最高的是"合作""参与""趣味""表演"等，面对不同生命样态的学生，教学从知识传授为主转向知识、趣味兼顾。学生是教学的出发点和落脚点，教学的效果只有通过学生的变化才能体现出来。增加课堂的趣味性，提高课堂的吸引力，可以激发学生学习的内在自觉性，让学生积极主动地学习。因此，形式上趣味的增加，实质上反映了教师以学生为中心的教学观念的转向。

（2）教学从单方传递向双方互动式转变。从两次所用描述性词语的主语所指来看，2011年，出现频次高的"反复训练""讲解""知识结构""记忆"等词语，所强调的都是教师在教学中的主导作用。2014年，出现频次高的"参与""互动""小组""合作"等词语，其主语既是教师也是学生，课堂中的主要成员——教师和学生都参与到课堂中。可见，经过培训，教师在有意识地削弱自身的主导作用，积极营造师生、生生双方互动、乃至多方互动的课堂氛围，教师已经能够将学生视为平等的教学主体，而不是被动的知识接受者。

（3）教学从封闭逐渐走向开放。2011年，教师的课堂教学还主要停留在技能展示上,注重知识的"讲解""讲授",注重"基础训练",看重教师的"基本功扎实",而在"资源利用""拓展"和"生成"等方面的评价"不足""不够"。这体现在提问中,即教师注重问题多于学生(见图1),注重答案多于思考(见图2)。教师的教学多围绕预设的知识点展开,重心放在"教完了没有",而不是"教会了没有"。与之不同,2014年,教师更加"注重引导""点拨及时""富有激情""运用表演""注重问答与互动",教与学的互动多、趣味浓,教师课堂掌控能力得到了发展,教学水平也在不断提高。在课堂观察过程中,我们发现有的教师能做到有意识地利用家长资源来导入教学,还有的教师在提问时会在学生回答的基础上不断追加问题。教师在教学中对各种资源的充分利用,使学生的学习在已有水平上不断得到拓展和深入。

(4)课堂的活动组织需要进一步完善。多种教学方式、方法的灵活运用,多种教学资源的充分调用,师生互动、生生互动活动的常态化,增加了课堂的吸引力,激发了学生的学习热情,但是具体的教学活动的组织还不是很成熟。2014年课堂观察记录表中"观察后反思"的汇总结果反映出,有的教师上课"急匆匆""语速太快""教学节奏太快",导致知识学习"不深入",学生"学习效果一般"。在教学时间固定的情况下,如果处理不好组织活动与知识学习之间的关系,很容易出现活动花样多而知识学习不深入、不透彻的情况。对此问题需要深入思考并加以改进,而思考和改进本身也会成为参与式教学的重要组成部分。

(三)教师的课堂质量

上述教师课堂提问质量、教学类型和教学风格的改变都体现了教学质量的变化。这一部分,我们采用课堂观察五维度测量表所获得的数据来作进一步分析,以便更加确定教师课堂教学的改变情况。由于没有常模参照,本部分的分析只能在有限范围内说明问题。

教学目标的达成度、教学环节的清晰度、教学过程的开放度、学生学习的参与度和教学资源的生成度构成了评价一堂好课的五个维度。用所观察课堂在五个不同维度和总体上的平均分作为衡量教学水平的指标值,可以体现课堂教学在不同维度和总维度上的表现情况。在此基础上,还可以用各个维度分值所占总体的百分比,表示课堂不同维度的相对主次关系,进一步突显课堂教学的整体特点以及培训前后课堂特点的变化。

1. 课堂质量在五个维度上改变程度不同

五个评价维度代表课堂质量评价的五个不同侧面。维度的分值不同,在该维度上课堂质量的水平就不同。由于各个维度的细指标数量和分值不是等量分布,不能简单地进行均值比较,因此我们用五个维度的中值数作为比较的基准,通过与中值的比较来反映三年前后课堂质量在不同评价维度上的变化。

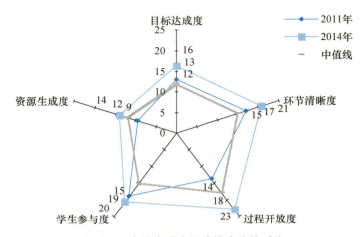

图4 两次课堂观察评价维度分值对比

图4中,横轴1—5依次代表目标达成度、环节清晰度、过程开放度、学生参与度和资源生成度。从左到右,五个维度的中值分别是:12、15、18、15、12。以此为标准,高于中值,说明课堂在该维度的水平处于中等偏上,低于中值,则处于中等偏下,高于中值分越多,该维度的水平就越高,低于中值分越多,则该维度的水平就越低。这样,课堂评价维度的前后比较就有了可能。从图4数据可以看出,2014年教师课堂质量的不同维度发生了如下变化:

(1)教师的教学过程更加开放。教学过程开放度在2011年的分值为14分,低于中值分4分,到2014年提高到23分,高于中值分5分,提高了9分,在五个维度中不仅分值最高,而且分值提高最多。与培训前相比,教师更加注重学生在课堂中的主体作用,不仅给学生更多自主学习的时间,还通过组织丰富多样的教学形式吸引学生进入课堂,将课堂还给学生。从课堂提问来看,教师的提问方式多样化,教师更愿意鼓励学生回答,对学生的追问也明显增多(见图2)。课堂活动的组织形式也更加丰富多样,合作、小组、互动成为课堂教学的常态(见表4)。这些都说明,教师在接受培训后更加注重创设开放性的课堂,开放的教学过程成为当前"春雨教师"课堂教学的显著特点之一。

(2)教师更加有效地利用学生资源。资源生成度提高的分值仅次于过程开放度,也是五个维度中提高较多的,从原来的9分提高到14分,提高了5个分值。与中值分12分比较,则由原来的中等偏下水平提升到中等偏上水平,教师生成课堂资源的能力得到了较好发展。这在教师提问问题类型、提问方式的转变,课堂教学形式和教学类型的变化(见图2和图3)中也都有所体现。尽管如此,两次课堂观察中资源生成度在五个维度中分值仍相对较低,分别是9分和14分。与其他维度相比,教师在生成课堂资源方面的技术水平仍有较大的提升空间。

(3)教学目标和教学环节都有所改善。2014年课堂教学的目标达成度和环节清晰度分数分别是16分、21分,都在中值分以上,处于中等偏高水平。与2011年相比,分别提高了3分和7分,可以认为2014年的课堂教学目标达成度更高,教学环节也设计得更加清晰。但是与其他三个维度相比,却一直处于五维度的中间,相对位置未见明显变化。教师一直都没有将课堂的这两个维度放到特别突出的位置,一方面是因为这两个维度需要通过教学过程来实现,教学过程开展得好,教学目标达成度和环节清晰度自然就高;另一方面也反映出,尽管教学过程开放度明显提高,但对于教学目标和教学环节的影响并没有预想的那么好。

(4)学生的课堂参与方式变化显著,由被动参与转为主动参与。2011年学生参与度在课堂五维度中分值最高,为19分,高出中值分4分,是五个维度中高出中值分数最多的。2014年为20分,高出中值分5分,处于五个维度的中间。可见,教师原本非常注重学生的课堂参与。但是根据图1,2011年学生参与的方式主要是被动的,通过增加提问问题数量的课堂参与仍然是教师控制下的参与,并非参与式教学之"参与"。经过培训后,学生参与教学的机会并没有明显变化,但是在教师的引导下,学生参与方式变化显著,原来的被动参与逐渐转变为对课堂的主动参与。这一点通过图3教学类型和表5教学风格的数据变化足以说明。我们认为,在以合作、小组、互动为主的课堂中,在多数学生都能够参与课堂的情况下,对课堂质量起关键作用的是学生参与方式的改变,而非参与机会的进一步增加。这是参与式教学基本特征的一个重要方面。

2. 课堂质量总体水平不断提高

课堂质量的总评分数分为四个等级,分别为:24—48 为一级,49—72 为二级,73—96 为三级,97—120 为四级。24 分为最低分,120 分为最高分,分数越高,等级就越高,表示课堂质量就越好。分维度的比较体现不同时期课堂的侧重点,而总评分数和总评等级的比较则更好地代表了课堂的整体变化情况。我们采用两次课堂总评分数的均值和不同维度占总体分数的百分比数值(见表6)作为分析指标,从而把握课堂质量的总体进步情况。

表6 两次课堂观察质量总评比较

年度	总评分数	总评等级	目标达成度	环节清晰度	过程开放度	学生参与度	资源生成度	差异度
2011	72	3	18%	24%	19%	26%	13%	13%
2014	94	4	17%	22%	24%	22%	15%	9%

(1)总评分数和总评等级提高,课堂质量的整体水平在上升。就总评情况来看,2014 年教师课堂教学的总评分数和总评等级分别为94、4,总分比 2011 年提高了 22 分,等级上升了一级。五个维度的分值也都超过中值线,比 2011 年有不同程度的增加(见图4)。可见,2014 年课堂的总评分数和总评等级较 2011 年有明显提升,课堂的整体水平不断提高。

(2)不同维度间的差异度缩小,课堂的内在聚合力增强。课堂是不同要素构成的有机整体。五个维度的集中程度代表课堂教学的等级水平,而维度间的差异度则体现课堂的整合程度,因而也是衡量课堂质量的一个尺度。维度差异度是维度百分比的最大值减去最小值,该差值越大课堂越松散,越小课堂越整合。2011 年维度间的差异度最大达到 13 个百分点,2014 年为 9 个百分点,相对减少 4 个百分点。从作为整体而不是分割的一套评价标准的角度看,五个维度间差异的缩小,表明课堂的整合度提高,培训后的教师不再仅关注课堂的某一方面,而是注重从整体上提高课堂教学的质量。

总之,2014 年课堂教学五个维度指标水平均高于 2011 年,课堂作为一个整体的内在聚合力明显增加。不仅课堂的总体水平有明显提高,教学的整合度更好,而且内在差异度也在缩小。五个维度中,教学过程开放度尤为突出,成为培训后"春雨教师"课堂教学最为显著的特点之一。

四、结论

通过上述对 2011 年和 2014 年课堂观察量表测查情况的对比分析，可以得出如下结论：

（一）参与式教学理念得到普遍认同

学生的自主参与成为教师教学活动的出发点和落脚之地，改变了以往将学生参与仅仅看作教学手段，以达到知识教学的本末倒置境况。教学活动的每一个环节，从设计到实施均指向学生的成长，目标是提高学生自主参与的意识，培养学生自主参与的能力。此时，学生成为课堂教学的"中心"。教师教学的过程更加关注焕发学生的生命力，让学生在课堂中都"动"起来，通过提问、研讨、游戏、戏剧表演等形式，让学生学会参与、体验、合作、表达、交流，从而培养学生的学习能力。在参与式教学中，教师的参与意识普遍形成，学生参与更加主动积极，"参与"的理念在师生群体中得到广泛认同。

（二）教师的教学技能得到有效改进

教师的教学方式更加丰富多样。在实现"学生自主参与"的教学理念引导下，记忆、机械训练的教学方法更少采用，合作、小组讨论、问题式教学成为主要的课堂教学方式。教学方法的多样性促进了教学活动开展的丰富性。仅提问一项，教师就可以在问什么、怎么问、向谁问等问题上发展出问题类型、提问时间、提问对象、提问方式等课堂提问的多个向度，进而在每个向度上发掘教学潜力，提升教学能力。参与式教学提供的多种教学方式，更是给予教师各种尝试和展示的机会，让他们在更大范围和更高层次上改进教学技能，提高教学水平。经过培训，我们发现已有个别教师能够将参与式教学的重要理念完整体现在一堂课中。这真是令人惊喜的进步。而多数教师也都在不同程度上提升了教学能力，形塑着各自的教学风格。

（三）课堂教学的质量获得整体提升

着眼于学生的"素质"和"成长"的课堂是高质量的课堂，满足目标达成度、环节清晰度、过程开放度、学生参与度和资源生成度的课就是一堂好课。经过培训，教师的教学过程更加开放，学生参与更加积极，资源生成更加及时，环节设计更加清晰，目标达成更加有效，课堂教学在五个维度上都有不同程度的提高，课堂教学的整体效果也越来越好。我们在听课过程中听到学生说得最多的一句话是:"我很期望上某某老师的课"。这是对教师变革课堂教学效果的最大肯定。在观课后的评课活动中,作为"观察员"的教师都自觉或不自觉地将五个维度作为评价打分的依据,参与式教学评价已成为学校教学评价的重要标准之一。教学评价标准的转变,实质上是教学质量观的改变。唯"知识"、重"分数"的教学质量观已逐渐被重视素质、关注成长的参与式教学质量观所代替,这对于学校教学和学生成长会产生深远的意义。

综上所述,经过三年的参与式教学培训,教师的课堂教学发生了较大变化,教师的观念、行为均发生了相应改变,课堂教学质量得到较大提升,教师培训目标得以较好的完成。但同时,课堂教学的变革也存在着一些有待解决的深层次问题。比如,课堂班级规模过大,学生数量过多,不仅增加了教师的工作量,而且增加了变革课堂教学方式的难度。在变革课堂教学的实践中,也存在着教学任务重与学生自主探究比较耗时之间的矛盾,还存在着短线的追求分数和长线的学生成长之间的矛盾。这也印证了加拿大教育专家迈克尔·富兰的一句话:"变革是一项旅程,而不是一张蓝图。"

参 考 文 献

[1] 黄忠敬、邵亚芳:《问诊课堂提问,提高课堂的参与度》,载《基础教育》2014 年第 3 期。

[2] 陈瑶:《课堂观察指导》,教育科学出版社 2002 年版。

[3] 黄忠敬:《评价一堂好课的"五维度"》,载《中国教育学刊》2011 年第 10 期。

附录四　上海市教育评估院第三方终期评估报告（摘录）

一、参与式教学的成效

项目组通过工作坊等培训方式创设情境，引导参与者在分组讨论、模拟访谈等活动表现和体验中反思自己的经验与观念，在交流和分享中实现自我提高。参与式教学方法共培训了来自 7 所春雨学校的 100 位老师，培训采取集中培训与进校指导相结合的方式。8 次集中培训内容包括：参与式教学概念，参与式教学方法之有效提问，小组合作，教育戏剧，视频分析。其中，教育戏剧方面，为 25 位老师另外开展 6 次集中系统培训。各春雨学校均有两次专家进校听评课教研活动，42 位教师参与式课堂实践视频录制两次。项目培养了 15 名春雨种子教师，各春雨学校中层及种子教师组织指导自主评课研讨活动若干次。同时，15 名种子教师跨校听评课活动 7 次，为期一天的培训师集中培训 1 次。

参与式教学模式的主要意义在于：

1. 提高任课教师组织实施课堂教学的能力，掌握在课堂教学中进行小组合作学习的基本策略，从而提高课堂教学效率，使教师教学更有效。

2. 通过对参与式教学理念的研究，转变学生学习的方式方法，通过合作学习，建立学习群体，互帮互学，取长补短，以达到面向全体、全面提高的教育目的。

3. 通过对参与式教学模式的深入实践，让我们的教学适应学生的个体差异，把因材施教提高到可操作的水平，使每个学生得到最大限度的发展。

——上海市弘梅二小参与式教学自评报告

教师对"春雨计划"的培训知晓度高，并认为培训活动的互动性强，普遍感到受益不小，访谈的各校普遍认同华东师范大学专家所开展的"参与式教学"培训项目，项目实施者组织相关的培训，并听课评课，带给相关学校教师新的教学理念，也促进了教师教学行为的改进。

1. 教学理念得到更新

在问卷调查和教师座谈中，参与培训的教师普遍认为华师大专家带来了全新的前沿的教育教学理念。调查问卷反映，91%的教师认为自己的教学理念得到了更新，如在课堂教学中关注学生，以学生为主体，让学生参与课堂教学全过程，关注课堂上学生的生成资源等理念已广为参与培训的教师所接受。

教师的教育理念发生了变化，形成了教学研讨的氛围，全程参与项目的6位教师现在都成为学校的中层领导和骨干，也是学校教学大比武的获奖者。

——弘梅二小李校长

培训方式均是在轻松愉快的游戏中拉开序幕，通过头脑风暴、小组讨论集中指导、现场点评、案例剖析等方式，理论与实践相结合，教师们在学习与实践中深刻认识到了"参与式教学"在课堂教学中的重要性。

——育苗小学参与式教学自评报告

参与式教学中，我对教师专业发展有了更深的理解，我知道了教师不单是教书育人，还担负着"培养全面发展的人"的重任。

——教师问卷

2. 教学技能有了提升

教育教学质量的提升有赖于一线教师的教学技能的提升，项目方设计了一种"参与式教学—小组合作学习"较为实用的课堂教学模式，以此来促进教师教学技能的提升。项目方引入了一种全新理念的课堂教学模式——参与式教学（也称为小组合作学习法）来进行教师技能培训，适时迎合了随迁子女学校教育教学的需求，受到培训者的欢迎。同时，在每次培训和研讨课后，学校在专家的指导下先后采用问卷、谈话、观察等方法进行调查，并不断总结自己的参与式教学的经验和方法。调查问卷反映，67.7%的教师认为教师培训的组织形式多样化，如集中培训、小组研讨、视频分析等。通过参与不同形式的培训，22%的教师认为自己的教学技能有了"很大提升"，75.3%的教师认为自己的教学技能有了"一定提升"（见图1）。

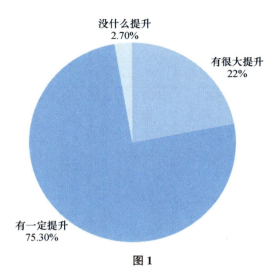

图 1

2012 年开始参与提问式、小组合作式培训,这类培训强调以小组式活动为载体,有很强的开放性。在这类培训中,指导教师示范提问,受训教师针对性提问,注重小组的交流与反馈,指导教师给予适当反馈。教师回到学校实践培训成果期间,有项目专家走进课堂,给予实地指导。目前基本上已经形成周周有教学研讨的新常态。

——对孙老师(语文学科)访谈记录

3. 师生关系有了改善

通过参与项目,大多数教师都能认同救助儿童会所倡导的以儿童为中心的理念,并能在课堂上落实这一理念。调查问卷显示,68.2%的教师能采用儿童友好的教学方法进行授课。学生调查问卷显示,75.9%的学生表示参加"春雨计划"项目后,非常喜欢老师现在的教学方法,从受教者的立场进一步印证了教师教学方法的改进。通过参与项目,83%的教师认为师生关系有了明显改善,学校氛围也更为融洽了。69.8%的学生认为现在老师对学生的态度变得更好了(见图2、图3)。这些数据表明,项目实施后,学校师生关系了有了较大改善。

二、项目的主要经验

1. 项目秉持先进理念,且与民办随迁子女小学的现实需求准确匹配,激发出项目实施的生命力

项目以联合国《儿童权利公约》的核心理念为指导,经过认真细致的基线调

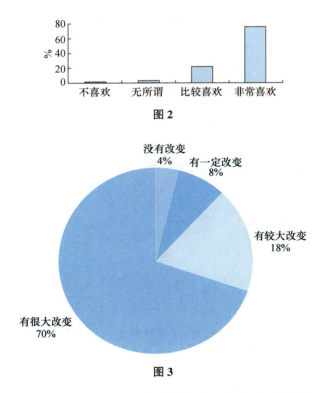

图 2

图 3

查,梳理出闵行区随迁子女小学发展中面临的问题、需求,然后慎重制订策略、方案。项目方通过儿童主导的调研及儿童问卷调查、投射测验和家长教师座谈调研等途径展开对学生生源状况、学习状态、同学关系等内容的调查,并形成学生状况的基线报告。在此基础上,项目方开展了有针对性的活动。如语文和班队活动的教学形式,一年级是观察、表述,二年级是童话表演,三年级是游戏作文,四年级是寓言表演,五年级是随笔。内容载体可以换,但形式都可以融入参与式教学、家校合作、教育戏剧等先进教育理念,使得整个项目在实施过程中,始终以理念为先导,围绕理念设计方案,突出受益者的主体地位,满足其现实需求。

2. 项目实施中注重过程监控与反馈,进行及时的经验分享,加大了辐射面

在访谈中,闵行区教育局领导认为,华师大专家在实施项目时计划性比较强,注重基线调研,做到全覆盖、分专题,全面了解项目学校的基础与需求,提高了培训的针对性和实效性;在实施项目的过程中,也能根据受益方的建议和反馈,不断地按照学年、学期来开展评估、反馈和调整,加强过程的指导与监控。

一、项目开始阶段的三方工作坊。根据基线调研报告反馈,与闵行区教育局、民办小学校长以及华师大专家一起讨论商定项目活动实施计划。

二、年度开展阶段性总结会,救助儿童会汇报项目实施过程,各校校长汇报阶段性成果,并反馈建议与下一步需求,华师大专家作阶段性总结并汇报下一阶段实施计划。

三、每年分活动板块总结交流会。主要由活动基地学校教师向其他参与教师展示实践课,专家总结指导,进行研讨,交流经验,并反馈,为下一轮培训打下基础。

——摘自救助儿童会自评报告

受时间、经费和人员的限制,项目无法覆盖闵行区16所随迁子女小学,所以项目经验的辐射就显得尤为重要了。项目方在项目实施的过程中注重经验的辐射:一是校内辐射。培养种子教师,由种子教师在学校内部进行经验分享。二是校际辐射。项目方在以7所学校为基地开展各项培训活动时,也邀请其他学校相关人员参加。种子教师跨校听评课活动,有效推动了经验在学校间的交流。此外,有效借助信息化手段,举办教师教学视频反馈分析工作坊,让更多教师分享教学的成功经验与不足之处。区教育局也通过召开会议平台发布相关经验。三是区域辐射。项目方通过多种媒体,如《青年报》《至爱》《关心》《小学生计算机报》《教育发展研究》《闵行教育》,闵行教育局信息网,东方网,以及学校的微信公众号向社会以及教育人士、家长宣传项目理念与模型。四是国际辐射。项目方通过各种渠道在国际上交流、宣传项目的一些做法,如参加中国台湾地区两岸四地会议及一些国际会议。

3. 项目实施注意有效整合教育资源,整体提升资源的效用

首先,项目实施紧紧依靠当地教育行政部门,争取政策与管理者的支持,自觉将项目与学校日常工作结合。其次,救助儿童会和华师大专家利用自身的渠道和社会关系,争取尽可能多的外来资源参与"春雨计划"。比如,参与式教学在后期引入教育戏剧,鉴于教育戏剧当前在课堂中的运用还较少,需要更为专业的专家给予指导,华师大邀请上海戏剧学院专家团队为教师进行培训,这也可视作大学同城协同创新的有效模式。项目组邀请美国培训师 Carrie 女士,为项目人员、项目合作方以及项目学校校长和教师开展三天的生活技能工作坊。项目组还邀请江苏省十

佳辅导员袁文娟老师在闵行区民办塘湾小学一年级开展主题为"我会买文具"的班会课，起到了很好的示范效应。

项目在开展教师培训中，根据需要，及时跟进配套教辅材料的开发，以更好地总结经验，指导教师教学实践，这也是整合和形成教育资源的途径。比如，参与式教学培训开发了《参与式教学指导手册》《参与式教学300问》《走向学习共同体——合作学习50问》读本，班队活动与班级管理开发了《在融入中成长——进城务工人员随迁子女城市生活适应指导策略》《综合课程整合路径指导手册》。这些教材资源大大帮助了教师团队的成长。

三、项目的创新之处

项目的实施在许多方面进行了创新尝试，主要体现在以下方面：

1. 项目合作体制创新

项目组建构了三方合作的体制：救助儿童会提供经费资助，负责整体协调和资源整合，华东师范大学基础教育改革与发展研究所提供专业服务；闵行区教育行政部门提供管理服务，三方优势互补，协同推进项目，这种政府、专业机构和社会公益组织的合作模式正是当前国家所倡导的一种公共治理方式。

2. 项目运作方式创新

为了增强项目参与学校和师生的主体意识，项目组进行了运作方式的创新。在对项目整体综合设计和各分项目具体设计专题方案以后，由专家团队进行项目发布，学校基于自己的兴趣与基础进行项目认领，由此变"要我做"为"我要做"，有利于调动学校和教师的积极性。事实证明，这种尊重学校自主选择的项目模式形成了项目学校梯队，层层辐射，让"春雨计划"逐渐扩大了影响力。尽管基于指导团队的力量以及交通等条件所限，选定了7所学校作为项目学校，但闵行区其余学校事实上也积极参加到项目活动，同样得到了春雨的滋润。

3. 教师教育培训方式的创新

项目以联合国《儿童权利公约》核心理念为引领，实施了参与式工作坊、教育戏剧、班团队学科整合等多种培训方式，这些方式相比于通常的集体培训具有小型化、分散化、模块化、参与性、创新性等特点，效果显著，其经验和做法得到较为广泛的认同和辐射。

后记

本手册是上海市小学基础教育国际合作项目"春雨计划"的项目实施研究成果,时间跨度为三年(2012年1月到2014年12月)。该项目是国际救助儿童会、上海市闵行区教育局和教育部人文社会科学重点研究基地华东师范大学基础教育改革与发展研究所三方合作的一项公益项目,旨在关注上海市小学教师教学技能的提升,建立儿童友好学校,促进文化融合,提升家庭对孩子教育的关注和支持,通过校长中层管理工作坊、参与式教学和家校合作等变革促进他们享有更加平等和更高质量的基础教育。

本手册不是坐在书斋中"写"出来的,而是在学校实践中"做"出来的,是三年以来对上海市闵行区16所项目学校的"春雨教师"培训实践的总结。培训目标旨在改变传统的以教师为中心的讲授式教学,确立以学生为中心的参与式教学。培训的原则是理论与实践相渗透、研究与培训相结合、个体与群体相促进。培训内容分为不同的单元模块,每个模块培训一个周期。遵循计划—行动—观察—反思的行动研究模式,采取边实践、边研究、边开发的方式,从理论到实践,从实践到反思,从反思到重构,在集体备课—课堂观察—观后同伴评课反思等螺旋上升的过程中,不断促进教师的专业发展,提升教师的教学领导力,让教师不仅知道做什么,而且知道为何做以及如何做。

本手册是集体智慧的结晶,参与此项目的队伍庞大,实力雄厚,包括华东师范大学的专家团队和研究生队伍、上海戏剧学校的教育戏剧专家团队以及国际救助儿童会的项目官员。华东师范大学的培训专家包括杨小微教授、黄忠敬教授、黄向阳副教授、程亮副教授、刘世清副教授等。作为春雨项目的总负责人,杨小微教授给予了高屋建瓴的指导;黄忠敬教授是参与式教学这个项目的负责人,具体负责参与式教学的培训与教材开发;黄向阳副教授也曾给教师们做拆拼制作合作学习的专题讲座;程亮副教授和刘世清副教授经常参与工作坊并到春雨学校进行现场指导;作为项目助理,华东师范大学教育学部的研究生冯靓琰(目前在苏州星海小学工作)和方小娟同学(目前在东华大学附属实验学校工作)做了许多具体而繁琐的协助工作,教育学系邵亚芳、吕晓蕊等二十多位研究生也不同程度地参与到这个项目中来,为这个项目的开展做了大量的工作。上海戏剧学院教育戏剧专家团队的参与着实让培训增色不少,剧作家李婴宁老师领衔的团队承担了参与式教学中教育戏剧的教师培训,陈新煌博士和研究生王昆杞的教育戏剧实践让教师们在互动体验中享受着参与式教学的快乐。救助儿童会的项目官员汪翠、吕基成和秦艳不仅做了大量的协调沟通工作,而且一直为参与式教学准备活动材料,敬业精神着实让人感动。作为行政管理者,上海市闵行区教育局的朱越副局长和汪一欣老师的大力支持让这个项目能够顺利地进行。七所春雨学校的校长与春雨教师们的大力配合与积极投入是本项目得以顺利进行的最大动力,他们对孩子的关爱时时感动我们,他们的工作热情和师之为师的精神不断激励大家为共同的教育公平理想而努力奋斗。弘梅小学为本项目的培训提供了场地,他们提供的后勤保障服务和培训及时报道让大家倍感温馨。感谢所有项目组成员和项目参与者在基线调研、教师培训和结题评估中付出的辛劳!

编 者

华东师范大学基础教育改革与发展研究所

2015 年 3 月 10 日